KB251948

최소이론의 전망

양 동 휘 지음

한국문화사

The Prospect
of
the Minimalist Program

Dong-Whee Yang

HANKUK PUBLISHERS

1996

머 리 말

이 저서는 1996년 2월 한국언어학회 겨울연구회에서 "최소이론의 최소화와 한국어"라는 주제로 구두 발표한 특강 중에서 이론 부분만을 글로 정리한 것이다.[1] 따라서 이 저서를 쓰게 된 동기를 제공해 준 한국언어학회에 감사한다.

이 저서에서는 대체로 Chomsky(1995) 이후의 최소이론의 발전 상황을 중점적으로 정리하여 제시하면서 최소이론의 전망을 필자 나름대로 가늠해 보았다. 하루가 다르게 변해 가고 있는 최소이론의 발전 상황을 어떤 시점에서 정리하고 전망을 한다는 것이 무슨 의미가 있겠는가? 하고 반문할 수도 있다. 그러나 오히려 정신없이 변해가는 이론일수록 현재 이론의 좌표를 확인하고 앞으로의 전망을 가늠해 보는 것은 유익하고 필요하다고 본다.

또 Chomsky(1995)의 이론을 제대로 이해하고 숙달하기도 힘든 우리의 실정에서 Chomsky(1995) 이후의 이론적 전개를 소개하고 전망한다는 것이 무슨 큰 의미가 있겠는가? 하고 의문을 제기할 수 있다. 그러나 Chomsky(1995)의 이론도 불변의 진리가 아니고 조만간 수정·보완될 가설적 이론이므로, 이 이론을 완전히 이해하기 전에라도, 이 이론을 좀 앞서 가는 시각에서 조명해 보는 것은 그 이론을 보다 더 깊이 이해하는 데 도움이 될 것이다.

---

[1] 한국어에 적용 부분은 양동휘(1996)으로 발표됨.

  이 저서를 준비하는 과정에서 많은 분들의 도움을 받았다. 제일 큰 도움은 한국생성문법학회 김용석 회장과 회원 여러 분들의 지속적인 학문적 또는 비학문적 지원이었다. 특히, 박 승혁 교수와 김용석 교수는 특강으로 발표할 때도 특별히 경 청하시고 많은 조언을 주셨을 뿐만 아니라, 이 저서의 전 원 고를 정독해 주시고 많은 귀중한 조언을 하여 주셔서 이 저 서를 개선하는 데 많은 도움이 되었다. 그리고 강명윤 교수는 이 저서의 제목을 결정하는 데 도움을 주셨다. 이 자리를 빌 어 이 모든 분들께 깊이 감사를 드린다.

  이 저서의 집필을 위한 자료와 정보를 입수하는 과정에서 도 많은 분들의 도움을 받았다. 특히, MIT에서 윤종열 교수, 최영식 군, 그리고 Paul Hagstrom 군이 자료 또는 정보를 보 내주고 또 필자의 질문에 답해줌으로써, 이 저서를 준비하는 데 중요한 도움을 주었다. 그리고 하웅천 교수와 신돈영 교수 가 이 저서의 출간을 위해 많은 도움을 주었다. 또 서울대학 교 대학원 영어영문학과 최기숙 양이 원고 교정을 도와주었 다. 이 모든 분들께도 깊은 감사를 드린다.

  끝으로, 이 저서의 출간을 쾌히 승낙해 주시고 인세에 있어 특별 배려까지 해주신 한국문화사 김진수 사장님, 그리고 편 집이 까다로운 이 저서를 이렇게 훌륭히 출간되도록 애써 주 신 한국문화사 여러분들께도 깊은 감사를 드린다.

1996년 5월

저 자 씀

차 례

머리말

제1장 문법의 최소성 1

1.1. 문법체계의 최소화 1
　1.1.1. 문법체계 1
　1.1.2. 어휘항목과 어휘자질 2
　1.1.3. 배번집합과 도출 4
　1.1.4. 문자화 6
　1.1.5. 의미해석 7

1.2. 문법운용의 최소화 8
　1.2.1. 내포성 조건 8
　1.2.2. 일관성 조건 10
　1.2.3. 개념적 필연성 11

1.3. 문법조건의 최소화 12
　1.3.1. 필수출력조건 12
　1.3.2. 음성형태 해독조건 13
　1.3.3. 필수출력조건의 확인 16
　1.3.4. 논리형태 해독조건 18

1.3.5. 최소이론의 특이성 ………………………………… 20

1.3.6. 언어학의 특이성 ……………………………………… 21

제2장 문법의 최적성 …………………………………… 23

2.1. 필요성 ……………………………………………………… 23

2.1.1. 유인과 병합의 요인 ……………………………… 23

2.1.2. 배번집합의 범위 …………………………………… 26

2.1.3. 수의성과 의무성 …………………………………… 27

2.2. 유인 …………………………………………………………… 28

2.2.1. '이동'에서 '유인'으로 …………………………… 28

2.2.2. 유인자의 자살적 이기성 ……………………… 33

2.3. 보수전략 …………………………………………………… 35

2.3.1. 유인과 보수전략 …………………………………… 35

2.3.2. 대입/부가의 예측 …………………………………… 37

2.3.3. 예상적용의 비국부성 …………………………… 39

2.3.4. 이동과 병합의 경쟁 ……………………………… 44

2.4. 기능범주 …………………………………………………… 45

2.4.1. 기능범주의 정당화 ……………………………… 45

2.4.2. φ-자질에 내포되는 격 ……………………… 49

2.4.3. 형태론적 풍부성 …………………………………… 52

2.4.4. Holmberg 일반화 ………………………………… 54

2.4.5. 중유인 조건 ………………………………………… 56

2.4.6. 자질-불일치 조건 ·· 57

2.4.7. 기능범주의 선택자질 ································· 59

2.4.8. 수의적 선택자질 ·· 62

2.5. 점검이론 ··· 66

2.5.1. 유인자 핵에 국한된 자질점검 ············· 66

2.5.2. 형식자질과 의미/음성자질 ·················· 68

2.5.3. 도출의 취소 ·· 69

2.5.4. 자질의 무임승차 ····································· 74

2.5.5. 경유인 조건 ·· 76

2.6. 논리형태의 최적성 ·· 80

2.6.1. 논리형태 I 구조 ······································ 81

2.6.2. 논리형태 결속구조 ································· 83

제3장 전망 ··· 87

3.1. 국부적 연산과 강자질의 제거 ···················· 87

3.1.1. 국부적 연산 ·· 87

3.1.2. 강자질의 제거 ··· 90

3.1.3. 지연원리의 제거 ····································· 93

3.1.4. 핵 매개변인 ·· 94

3.2. 핵 이동의 제거 ··· 95

3.2.1. 음성형태 접사부가 ································· 95

3.2.2. 음성형태의 CP 구조 ······························ 98

3.2.3. 접사도약의 부활 100
3.2.4. V2 현상 101
3.2.5. 음성형태 접사부가의 논리형태 효과 102

3.3. 흔적의 가시성 103
3.3.1. 수정 가시성 조건 103
3.3.2. 지연원리의 잔재? 108
3.3.3. 흔적의 범주와 흔적의 자질 109
3.3.4. 보수의 연장된 연결 110
3.3.5. 적정결속조건의 제거 112

3.4. 치사형상과 논리형태 113
3.4.1. 치사형상 113
3.4.2. 역(逆)치사형상 117
3.4.3. 이중 격점검의 치사형상 118
3.4.4. 동사구 탈출 조건 119
3.4.5. 수정 동사구 탈출 조건 122

3.5. 마무리 126
3.5.1. "Chomsky 문법이론은 언제 안정되나?" 126
3.5.2. 최소인론의 복고(復古) 현상 129
3.5.3. "통사론"의 실종? 129

참고문헌 131
찾아보기 133
영한 용어 대조표 140

제 1 장 문법의 최소성

1.1. 문법체계의 최소화

1.1.1. 문법체계

최소이론(最小理論 Minimalist Program)의 문법체계는 다음
과 같이 도식화할 수 있다.

(1)

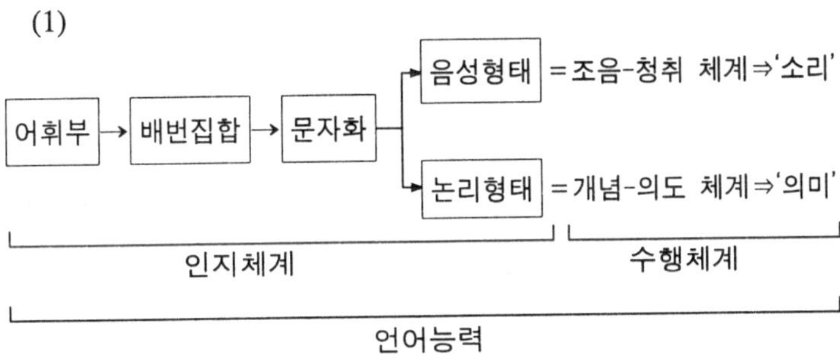

어휘부(語彙部 Lexicon)에서 어휘항목(語彙項目 Lexical Item)
들이 배번집합(配番集合 Numeration, N)에 선택(選擇 Select)되
어 연산체계(演算體系 Computational System, C_{HL})로 입력되면,
언어 구조(linguistic structure)가 도출(導出 derivation)되고, 문자
화(文字化 Spell-Out)에 이르면, 음성형태(音聲形態 Phonetic

Form, PF)와 논리형태(論理形態 Logical Form, LF)로 분리된다. 음성형태는 조음-청취 체계(調音聽取體系 Articulatory-Perceptual System, A-P System)에 의하여 '소리'로 해석(解釋 Interpretation) 되고, 논리형태는 개념-의도 체계(概念意圖體系 Conceptual-Intentional System, C-I System)에 의하여 '의미'로 해석된다.

어휘부에서 음성형태/논리형태까지의 도출 과정은 인지체계 (認知體系 Cognitive System)에 의하여 관할되고, 조음-청취 체계/개념-의도 체계에 의해 '소리'와 '의미'가 각각 해석되는 과정은 수행체계(隨行體系 Performance System)의해 관할된다. 이러한 인지체계와 수행체계는 언어능력(言語能力 Language Faculty)을 구성한다.[1]

1.1.2. 어휘항목과 어휘자질

어휘부의 어휘항목들은 어휘자질(語彙資質 Lexical Feature) 들이 결합하여 이루어진다고 본다. 이 어휘자질들은 어휘자질 저장소(pool of lexical features)에서 직접 어휘부로 유입될 뿐

---

[1] Chomsky(1993) 이전에는 인지체계에 해당하는 부분만을 언어능력 이라고 불렀다. Chomsky(1993)에서 처음으로 수행체계도 언어능력 에 포함시키고 있다. 수행체계란 인지체계 이외의 인간 정신기능 중에서 언어에 연관되는 부분을 뜻한다. 예를 들면, 인간이 소리를 듣는 능력은 언어만을 위한 인지체계에 속하지는 않지만, 언어 사 용에 연관되므로 수행체계에 속한다. Chomsky(1993)에서 수행체계 도 언어능력에 포함시키는 이유는, 인지체계의 기능과 수행체계의 기능을 엄밀히 구분하기 어려운 경우가 있을 뿐만 아니라, 그런 엄밀한 구분이 이론상 꼭 필요하지 않기 때문이다.

이다. 따라서, 어휘자질이 어휘부의 어휘항목을 통하지 않고 배번집합/연산체계에 도입되는 경우는 있을 수 없다. 이것은 종래의 무분별한 개별적 어휘자질 도입/첨가를 방지하기 위한 장치이다.

　어휘항목의 어휘자질에는 음성자질(音聲資質 Phonetic Feature), 의미자질(意味資質 Semantic Feature), 형식자질(形式資質 Formal Feature, FF) 등 세 가지가 있다. 어휘항목의 이 어휘자질들은 문자화까지는 함께 가다가 문자화에서 음성자질들은 음성형태로 가고 의미자질과 형식자질은 논리형태로 간다.[2] 그 이유는, 음성자질은 음성형태가 조음-청취 체계에 의해 '소리'로 해석되는 데 필요하고, 의미자질과 형식자질은 논리형태가 개념-의도 체계에 의해 '의미'로 해석되는 데 필요하기 때문이다.

　어휘항목이 배번집합에서 연산체계로 입력되지 않고 음성형태로 직접 입력되면, 그 어휘항목의 의미자질과 형식자질이 조음-청취 체계에 의하여 해석되지 못하므로, 완전해석원리(完全解釋原理 Principle of Full Interpretation, FI)를 어기어 합치(合致 Converge)되지 못하고, 논리형태로 직접 입력되면 그

---

[2] 여기에 약간의 예외가 있을 수 있다. 예를 들어, 품사를 나타내는 범주자질(範疇資質 Categorial Feature)은 형식자질이지만 논리형태 쪽으로 뿐만 아니라 음성형태 쪽으로도 가야 한다. 왜냐하면, 영어의 어떤 단어는 그것이 명사냐 동사냐에 따라 강세형(stress pattern)이 달라지기 때문이다. 따라서, 이러한 경우 범주자질이 논리형태로 가면서 자신의 복사(複寫 Copy)를 음성형태로 보내준다고 하겠다.

어휘항목의 음성자질이 개념-의도 체계에 의하여 해석되지 못하므로, 완전해석원리를 어기어 합치되지 못한다. 따라서, 어휘항목이 음성형태나 논리형태에 직접 입력될 수 없다는 제약은 설정할 필요가 없다. 동시에, 음성자질이 전혀 없는 어휘항목이 있다면 그러한 어휘항목은 논리형태에 직접 입력되고, 의미자질과 형식자질이 전혀 없는 어휘항목이 있다면 그러한 어휘항목은 음성형태에 직접 입력되는 것이 원칙적으로 가능하다. 예를 들어, 다음 (2)의 문장을 음성형태에서는 IP이고 논리형태에서는 CP라는 분석을 받아들이면, 의문문의 C인 Q라는 어휘항목은 논리형태에 직접 입력된다.

(2) Who saw John?

그러나 음성자질이 없는 어휘항목이 반드시 논리형태에 직접 입력되는 것은 아니다. 예를 들어, 다음 (3)의 문장에서 PRO는 문자화 이전에 이동하는 것으로 보아야 하므로, 음성자질이 전혀 없는 어휘항목인 PRO가 반드시 논리형태에 직접 입력된다고 할 수 없다.

(3) PRO_i appearing [t'_i to have been killed t_i] is hard.

1.1.3. 배번집합과 도출

하나의 구조를 도출하는데 필요한 어휘항목들이 하나의 배번집합에 모였다가 연산체계에 입력된다고 보는 이유는, 동일한 배번집합의 어휘항목들로만 구성된 구조들 사이에만 경제성의 비교가 적용된다고 보기 때문이다. 따라서, '하나의 구조'의 개념 설정에 따라 배번집합의 설정이 달라진다. 여기에 대하여 뒤에 2.1.2.에서 더 자세히 논의할 것이다.

배번집합의 어휘항목들은 병합(倂合 Merge)에 의해 연산체계에 도입되고 거기에 이동(移動 Move)이 적용되어 문자화까지의 구조(構造 structure)가 도출된다. 문자화까지 병합과 이동이 뒤섞여 반복적으로 일어날 수 있다. 이동은 유인(誘引 Attract), 병합, 보수(補修 Repair)의 3단계로 실현된다. 예를 들어, 주어-인상(Subject-Raising)과 같은 이동의 경우, 먼저 주어의 주격자질(Nominative Case feature)을 포함하는 형식자질(FF)들이 I(=INFL)로 유인되어 자질점검(資質點檢 Feature Checking)이 일어나고, 그 다음 그 유인되어 나간 형식자질의 흔적(痕迹 Trace, t)을 내포하는 주어가 I의 지정어(指定語 Specifier, SPEC) 자리로 병합되고, 마지막으로 I에 유인되어 부가(附加 Adjunction)되었던 형식자질들이 방금 I의 지정어 자리로 병합된 주어의 흔적으로 돌아가 그 흔적을 보수하여 없애줌으로써, 주어-인상의 이동은 완성된다.

따라서, 이동의 1단계에서 생겨난 유인의 흔적은 사라지고 2단계인 병합의 흔적만이 남는다. 이와 같이 이동의 2단계로 작용하는 병합은 흔적을 남기고 기타의 병합은 흔적을 남기지 않는다는 점에 유의해야 한다. 이동의 2단계와 3단계를 묶어서 보수전략(補修戰略 Repair Strategy)이라고도 부른다. 보수전략은 음성형태 합치(PF Convergence)를 위해 요구된다. 보수전략에 대하여 뒤에 2.3.에서 더 자세히 논의할 것이다.

1.1.4. 문자화

  문자화가 어느 시점에서 일어날 것인가에 대한 규정은 없
다. 문자화는 어느 시점에서나 일어날 수 있다. 그러나 적절
하지 않은 시점에서 문자화가 일어난 경우는 반드시 어떤 문
법적 규약을 어기어 결국 비문(非文)으로 판정된다. 예를 들
어, 어떤 문장의 도출에 있어 주어-인상이 일어나기 전에 문
자화가 일어 났다면, 소위 I의 확대투사원리(擴大投射原理
Extended Projection Principle, EPP) 자질이 만족되지 않으므로
비문이 된다.[3]

  문자화가 일어나면, 음성자질들만 음성형태 부문(PF Com-
ponent)으로 떨어져 나가고, 기타 구조는 논리형태 부문(LF
Component)으로 들어와 도출이 계속된다. 논리형태 도출에서
는 이동은 적용될 수 없고 유인만이 적용된다. 왜냐하면, 논
리형태 도출은 음성형태와 무관하므로 보수전략이 작용하는
경우가 없기 때문이다.

  연산체계의 운용의 핵심이 유인이라고 볼 때, 연산체계는
실질적으로 논리형태까지 연장된다. 왜냐하면, 논리형태 부문
의 핵심적 운용도 유인이기 때문이다. 특히, 배번집합(=N)에
서 문자화(=Σ)까지의 연산체계 도출(N→Σ)을 현시적 통사론
(顯示的統辭論 Overt Syntax)이라고 부르고, 문자화에서 논리
형태(=λ)까지의 연산체계 도출(Σ→λ)을 비현시적 통사론(非

---

[3] 최근 Chomsky는 모든 언어의 I는 확대투사원리 자질이 있다고 주
  장한다. 여기에 대하여 좀 더 자세한 것은 **3.4.5.**를 참조할 것.

顯示的統辭論 Covert Syntax)이라고 부른다. 문자화에서 음성형태(= π)까지의 도출($\Sigma \rightarrow \pi$)은 연산체계에 포함되지 않는다. 따라서, 배번집합에서 논리형태까지의 도출(N$\rightarrow \lambda$)이 연산체계(Computational System)가 된다. 한편, 유인 현상으로 분석되지 않는 외치(外置 Extraposition)와 같은 이동은 음성형태의 문체적 이동(文體的移動 stylistic movement)으로 간주된다. 따라서, 음성형태도 음성자질과 함께 상당한 구조를 갖추고 있다고 하겠다.

1.1.5. 의미해석

논리형태와 개념-의도 체계 사이에서 이루어지는 의미해석(Semantic Interpretation, SI)에는 두 가지가 있다. 즉, 논리형태 쪽에서 이루어지는 의미해석-1(SI-1)과 개념-의도 체계 쪽에서 이루어지는 의미해석-2(SI-2)가 구분된다. 의미해석-1은 의미역(意味役 θ-role) 구조와 같이 구조의존적 해석(structure-dependent interpretation)이 이루어지는 경우이고, 의미해석-2는 담화기능적(discourse-functional) 주제(Topic), 초점(Focus) 등의 경우처럼 비구조의존적 해석(non-structure-dependent interpretation)이 이루어지는 경우이다.[4] 의미해석-2의 경우는 음성형태의 구조적 정보도 개입되므로, 개념-의도 체계에서는 음성형태/조음-청취 체계의 정보도 활용될 수 있는 듯하다.

---

[4] Chomsky는 결속 현상(binding phenomena)도 의미해석-2의 현상이라고 주장한다.

이상에서 논의한 바와 같이, 최소이론에서는 종래의 D-구조와 S-구조를 설정하지 않는다. 그 이유는, D-구조와 S-구조의 설정 근거들이 논리형태 또는 음성형태에서 만족될 수 있다고 보기 때문이다. 예를 들어, 종래의 D-구조 설정의 중요한 근거는 의미역 구조(θ-structure)가 D-구조에서 가장 이상적으로 포착될 수 있다는 것이었다. 그러나, 어차피 논리형태에서 의미해석-1에 의하여 의미역 구조가 포착될 것이므로, 의미역 구조의 포착을 위하여 D-구조를 설정한다는 논증은 무의미하다.[5]

1.2. 문법운용의 최소화

1.2.1. 내포성 조건

1.1.에서 논의한 바와 같이, 연산체계(C_{HL})에 입력되는 것은 어휘부로부터 배번집합으로 선택된 어휘항목들뿐이다. 또 그 어휘항목들은 어휘자질 저장소로부터 어휘부로 유입된 어휘자질로 구성되었을 뿐이다. 결국, 연산체계에 입력되는 것은 어휘자질 복합체(complex of lexical features)인 어휘항목들뿐이다. 따라서 연산체계의 전 도출 과정에 걸쳐 기타 어떠한 요소도 외부로부터 도입되어서는 안된다. 이것을 내포성 조건

---

[5] D-구조와 S-구조의 폐기에 대하여 더 자세한 것은 양동휘(1995)를 참조할 것.

(內包性條件 Inclusiveness Condition)이라고 한다. 즉, 연산체계 도출 과정에서 종래처럼 어떠한 범주적 절점(categorial node)이나 범주투사 계층(categorial projection level, 'bar level')이나 지표(指標 Index) 등이 도입되는 것이 금지된다.[6]

이러한 내포성 조건은 문법의 운용(運用 operation)을 최소화하려는 조치의 일환이다. 이와 같이 문법의 체계와 운용을 최소화함으로써 문법의 설명력을 극대화할 수 있다. 그러면, 최소이론에서 내포성 조건과 같은 문법운용의 최소화 조치가 어떻게 가능한지 알아 보자. 예를 들어, 범주적 절점의 정보는 어휘항목의 어휘자질 복합체 중에서 형식자질(formal feature)인 범주자질(categorial feature)에 있다.

범주투사 계층의 경우, 최하위 범주투사 계층인 핵(核 Head) 범주의 정보는 역시 어휘항목의 범주자질에 있고, 최상위 범주투사 계층인 최대투사범주(最大投射範疇 Maximal Projection)의 정보는 구조적 형상(structural configuration)에서 자동적으로 결정되고, 즉 어떤 핵 범주의 투사에 있어서 더 이상 투사되지 않는 시점을 최대투사범주로 간주하면 되고, 중간 범주투사 계층인 중간투사범주(中間投射範疇 Intermediate Projection)의 정보는 실질적으로 불필요함이 논증되고 있다.

지표는 종래에 이동의 과정을 나타내는 연쇄(連鎖 Chain)의 표시에 쓰이거나 동일지시(同一指示 Coreference)의 관계를 나타내는 데 쓰였다. 그러나 그러한 지표의 사용도 불필요함

---

[6] 음성형태 부문($\Sigma \rightarrow \pi$)에서는 내포성 조건이 지켜지지 않는다. 예를 들어, 음성형태 해석에서 필요한 음조형(音調型 intonation pattern)의 정보는 어떤 어휘항목의 어휘자질도 될 수 없다.

이 밝혀지고 있다. 연쇄의 경우, 이동이 복사 과정(copying process)이고 복사 요소는 배번집합에 허용되지 않으므로 연쇄는 지표의 사용 없이도 확인된다.[7] 동일지시도 개념-의도 체계에서 포착될 개념으로서 연산체계에서 도입할 필요가 없음이 밝혀지고 있다.

1.2.2. 일관성 조건

1.1.에서 논의한 바와 같이, 최소이론의 문법 운용은 원칙적으로 자율에 맡겨진다. 앞서 논의한 내포성 조건도 1.1.1.에 제시된 (1)의 문법 체계의 자율적 운용에서 저절로 지켜진다. 즉, (1)에서 연산체계로의 도입은 배번집합에서만 가능하고 배번집합의 요소는 어휘부에서 합성된 어휘자질 복합체들뿐이므로, 기타 어떠한 요소도 연산체계에 도입될 수 없다. 또 1.1.4.에서 논의한 바와 같이, 문자화의 적용 시점도 자율적으로 결정되고, 병합과 이동의 적용도 자율적으로 결정된다. 즉, 병합이나 이동이 문자화 이전에 적용될 것인가 또는 이후에 적용될 것인가도 자율적으로 결정된다. 이와 같이 병합과 이동(또는 유인)은 원칙적으로 문자화 이전에도 이후에도 적용될 수 있어야 한다. 이것을 일관성 조건(一貫性條件 Uniformity Condition)이라고 한다.[8]

---

[7] 아직도 앞서 예문 (3)의 경우처럼 이동의 과정을 지표를 써서 표시하는 경우가 있는데, 그것은 독자의 편의를 위한 것이지 이론적 의미가 있는 것은 아니다.

[8] 여기서 Uniformity Condition을 '일관성 조건'이라고 번역하여, '일

따라서, 어떤 문법적 운용이 아무 이유 없이 문자화 이전
에만, 또는 문자화 이후에만 적용되어야 한다면, 이는 일관성
조건을 어기는 것이다.[9] 종래의 소위 양화사 인상(量化詞引上
Quantifier Raising, QR)은 이 경우에 해당된다. 왜냐하면, 양화
사 인상은 아무 이유 없이 논리형태에만, 즉 문자화 이후에
만, 적용되는 것으로 제한되어 있다. 따라서 최소이론에서는
종래의 양화사 인상의 설정은 불가능하고, 그 대신 양화사
자질(quantifier feature)에 입각한 유인이 설정된다. 독자적 유
인, 즉 보수전략이 뒤따르지 않는 유인은 자율적으로 논리형
태에서만 적용된다.

1.2.3. 개념적 필연성

병합도 이동(또는 유인)도 이항적 운용(二項的運用 binary
operation)이다. 병합은 반드시 α를 β에 병합하는 이항적 운
용일 뿐이고, 이동(또는 유인)도 α를 β에 이동(또는 유인)하
는 이항적 운용일 뿐이다. 다시 말하면, 병합도 이동(또는 유
인)도 한번에 단지 두 개의 요소에만 적용되고, 한번에 세 개

률성 조건'이라고 번역하는 경우와 구별한다. '일률성 조건'은 이
동하는 요소가 이동의 시작점과 착지점 사이에 투사범주상의 차이
가 없어야 한다는 조건이다. 일률성 조건에 대하여서는 양동휘
(1995)를 참조할 것.

[9] 음성형태 부문($\Sigma \rightarrow \pi$)에서는 일관성 조건도 지켜지지 않는다. 예
를 들어, 음성형태 부문의 음조형 배정이 연산체계($N \rightarrow \lambda$)에서 적
용될 가능성은 전혀 없다.

이상의 요소에는 적용되지 않는다. 이것은 개념적 필연성(槪念的必然性 conceptual necessity)에 입각한 최소화이다. 즉, 상호 작용의 운용은 최소한 두 개의 개체가 있어야 가능하므로 이항적 운용은 개념적으로 최소한의 운용이다. 이항적 병합과 이항적 이동(또는 유인)의 운용으로 형성되는 구조는 필연적으로 이분지(二分枝 binary branching) 구조가 된다. 이분지 구조 또한 개념적으로 최소한의 구조이다. 왜냐하면, 이분지조차 되지 않는 구조는 개념적으로 불가능하기 때문이다.

1.3. 문법조건의 최소화

1.3.1. 필수출력조건

문법체계의 최소화와 문법운용의 최소화는 문법조건의 최소화로 이어진다. 최소이론에서 문법이 만족시켜야 할 조건은 필수출력조건(必須出力條件 Bare Output Condition, BOC)[10]뿐이라고 본다. 필수출력조건이란, (1)의 문법체계에서, 인지체계와 수행체계 사이의 접합점(接合點 Interface) 조건이다. 즉, 문법이라는 인지체계의 출력(output)인 음성형태와 논리형태가

---

[10] 최소이론에서 "bare"는 "simplest" 또는 "free from any stipulation"의 뜻이다. "더 이상 간소화할 수 없는"의 뜻으로 "bare"를 "필수(必須)"로 번역하였다. 박승혁 교수는 "bare"를 "소형(素型)"이라고 번역하였다.

조음-청취 체계와 개념-의도 체계라는 수행체계에 의하여 각각 '소리'와 '의미'로 해석될 수 있는 조건이다. 다시 말하면, 음성형태와 논리형태가 수행체계에 의하여 읽혀질 수 있기 위하여 갖추어야 할 조건이다. 따라서, 필수출력조건을 해독조건(解讀條件 Legibility Condition)이라고도 한다. 음성형태와 논리형태가 수행체계에게 읽혀질 수 있기 위하여 갖추어야 할 해독조건의 예를 들면, (4)와 같다.

(4) ㄱ. 음성형태 해독조건
　　　(i) 시간적 순서(temporal order)
　　　(ii) 적절한 음절 구조(proper syllable structure)
　　　(iii) 적절한 음성자질 구성(proper phonetic matrix), 등

　　ㄴ. 논리형태 해독조건
　　　(i) 적절한 어휘항목(proper lexical item)
　　　(ii) 적절한 구절(proper phrase)
　　　(iii) 적절한 의미역 구조(proper θ -structure)
　　　(iv) 기타 의미 해석에 적절한 구조(proper structure for semantic interpretations), 등

1.3.2. 음성형태 해독조건

(4ㄱ)의 음성형태 해독조건으로서, (i) '시간적 순서'는 음성형태의 정보가 시간적 순서를 갖추어야 한다는 것이다. 논리형태의 정보는 시간적 순서를 갖추고 있지 않다. 즉, 논리형

태는 무순(無順 unordered) 구조이다. 왜냐하면, 논리형태에는 높낮이 구조(hierarchical structure)의 정보만 필요하고 순서 (order)의 정보는 불필요하기 때문이다. 이것은 우리가 말로 표현하려는 '생각'의 내용이 반드시 어떤 순서를 갖추고 있는 것이 아니라는 점과 상통한다. 그러나 음성형태의 정보는 반드시 시간적 순서를 갖추어야 한다. 왜냐하면, 우리 인간의 조음-청취 체계는 시간적 순서를 갖춘 정보만을 조음(調音)할 수 있고 청취(聽取)할 수 있기 때문이다. 다시 말하면, 조음-청취 체계라는 수행체계가 언어라는 인지체계에게 시간적 순서를 갖출 것을 요구 또는 강요하는 것이다. 이러한 조음-청취 체계의 요구 또는 강요가 없다면, 언어는 무순 구조 (unordered structure)일 것이다. 실제로, 조음-청취 체계의 간섭을 받지 않는 텔레파시(telepathy)의 경우에는, 언어는 무순 구조일 것이다.

이러한 '시간적 순서'라는 해독조건 또는 필수출력조건 때문에 음성형태 부문에 어순(語順 word order)을 결정하는 어순공리(語順公理) 또는 어순규칙의 설정이 요구 또는 강요된다.[11] 이와 같이, 문법이 만족시켜야 하는 필수출력조건은 문법의 어떤 요소 또는 부분을 결정하게 된다. 따라서, 문법이 만족시켜야 할 조건이 필수출력조건뿐이라는 말은 문법이 필수출력조건에 의해서만 결정된다는 뜻이다. 이것은 최소이론의 가장 중요한 획기적인 가설이다. 실제로 이 가설을 논증하

---

[11] 어순공리의 한 예로서 Kayne(1994)는 어순대응공리(語順對應公理 Linear Correspondence Axiom, LCA)를 제안하였다. 여기에 대하여 자세한 것은 양동휘(1995)를 참조할 것.

는 것이 최소이론의 최대의 목표가 된다. 이 가설이 완벽히 논증되는 단계에 아직 있지는 못하지만 그 단계에 심각히 접근하고 있다.

문법이 필수출력조건에 의해서만 완전히 결정된다는 말은 언어능력(Language Faculty)이 그러하다는 말도 된다. 왜냐하면, 문법은 언어능력을 규명하는 것이기 때문이다. 결국, 최소이론에서는 언어능력 또는 언어는 필수출력조건만을 만족시킨다는, 또는 필수출력조건에 의해서만 완전히 결정된다는, 획기적인 가설을 설정하고 있다. 실제로, '시간적 순서'의 필수출력조건의 경우 문법에 뿐만 아니라 언어 자체에도 그런 조건이 지켜짐은 자명하다. 따라서, 필수출력조건은 문법이론에서뿐만 아니라 언어능력 또는 언어 자체의 규명에서도 획기적 요소로 등장하고 있다. 동시에, 언어능력 또는 언어가 필수출력조건만을 만족시킨다는 가설에 입각하면, 언어의 개념도 매우 독특해진다. 예를 들어, 1.1.5.에서 잠깐 논의한 바와 같이 소위 비구조의존적 해석(의미해석-2)은 언어 또는 문법 밖의 현상으로 간주된다.

(4)의 다른 필수출력조건의 예들을 살펴 보자. (4ㄱ)의 음성형태 해독조건으로서 (ii) '적절한 음절 구조'는 인간의 조음-청취 체계에 의하여 조음 또는 청취될 수 있는 음절 구조를 뜻한다. 이 해독조건은 어휘부의 어휘항목의 형성 과정에까지 영향을 주거나 그 과정을 결정짓는다. 왜냐하면, 인간의 조음-청취 체계에 의해 조음 또는 청취될 수 없는 음절 구조를 내포하는 어휘항목이 어휘부에서 형성되었을 때, 그 어휘항목은 음성형태에 와서 '적절한 음절 구조'의 필수출력조건을 어기

므로 문법적 언어 표현이 되지 못하고 파탄(破綻 Crash)한다. 결과적으로, 조음-청취 체계는 어휘부의 어휘형성 과정을 규제하고 결정짓는다. 그런데, 조음-청취될 수 있는 '적절한 음절 구조'는 언어마다 약간씩 다를 수 있으므로 필수출력체계도 언어마다 약간씩 다를 수 있다고 하겠다.

(4ㄱ)의 (iii) '적절한 음성자질 구성'은 조음-청취 체계에 의해 조음 또는 청취될 수 있는 음성자질 구성을 뜻한다. 이 해독조건은 어휘부에서 형성되는 음성적 분절(音聲的分節 phonetic segment)의 음성자질 구성을 규제하고 결정짓는다. 따라서, 어휘부에서 음성자질들이 조합하여 음성적 분절이나 음절을 형성하는 과정은 완전히 자의적(arbitrary)이고 그 과정의 실질적 규제나 결정은 음성형태 해독조건인 필수출력조건이 맡는다고 하겠다. 다시 말하면, 문법은 무조건 아무렇게나 작동하여 도출해 내고, 나중에 접합점에서 필수출력조건이 잘못 된것은 걸러내고 잘된 것만 추린다고 보겠다. 결국, 문법의 실질적 기능은 필수출력조건에 의해 완전히 결정되는 셈이다.

1.3.3. 필수출력조건의 확인

그렇다면, 필수출력조건은 어떻게 확인되고 설정되나? 필수출력조건은 수행체계가 인지체계에 부과 또는 요구하는 조건이므로 수행체계의 특성에 기인함은 당연하다. 그러나 수행체계에 대한 심각한 체계적인 연구는 아직 요원한 실정이다. 따라서, 현재로서는 필수출력조건의 설정은 상식적인 수준에

머물러 있는 형편이다. 구체적으로, (4ㄱ)의 음성형태 해독조
건들도 다분히 상식적인 수준의 것들이다. 이렇게 상식적 수
준의 필수출력조건만으로도 문법과 언어의 규명에 크게 기여
하고 있다. 특히, 이렇게 문법외적(文法外的 grammar-external)
으로 주어지는 필수출력조건은 문법내적(文法內的 grammar-
internal)으로 최소이론의 발전을 촉진한다. 구체적으로, 현재
최소이론의 최대 관심 또는 목표는 문법 또는 언어가 만족시
켜야 할 조건은 궁극적으로 필수출력조건뿐임을 논증하는 것
이다.

이러한 논증에 있어 현재로서 다음과 같은 어려움이 없지
않다. 첫째는 문법외적으로 주어지는 필수출력조건에 대한 상
식 수준 이상의 확인 또는 정당화가 주로 문법-내적 증거나
논증에 의존할 수밖에 없다는 점이다. 다시 말하면, 현재로서
수행체계에 대한 연구만으로 상식 수준 이상의 필수출력조건
의 확인 또는 설정은 어려운 실정이다.

둘째는, 모든 인간 언어에서 변형(變形 Transformation) 또는
이동(移動 Move) 현상이 확인되고 있으나, 이것을 필수출력조
건에 반영시킬 수 없다는 점이다. 왜냐하면, 변형 또는 이동
현상의 정보가 연산체계의 접합점 해석(interface interpretation)
과정에서 아무런 역할도 하지 못하기 때문이다. 다시 말하면,
변형 또는 이동이 앞서 1.1.5.에서 언급한 바와 같이 연산체계
밖의 의미해석-2(SI-2)에서는 어떤 역할을 할 수 있으나 연산
체계 안의 의미해석-1(SI-1)에서는 아무런 역할도 하지 못한
다.

따라서, 연산체계의 접합점인 논리형태를 해석하는 수행체

계가 변형 또는 이동의 정보를 필요로 하지 않는다. 실제로, 변형 또는 이동 현상은 자연 언어에만 독특한 현상으로서, 기호 논리학(symbolic logic), 전산 언어(computer language) 등의 인공 언어(artificial language)에는 전혀 설정되지 않는다. 결국, 변형은 최소이론에서도 아직도 자연 언어의 신비스런 수수께끼로 남아 있다.

1.2.1.에서 논의한 내포성 조건도 궁극적으로는 필수출력조건에 의해 요구된다고 하겠다. 즉, 내포성 조건이 금지하는 것들은 필수출력조건이 금지하는 것들이다. 예를 들어, 연쇄나 동일지시를 나타내기 위해 쓰이는 지표는 필수출력조건이 요구하지 않는다. 왜냐하면, 그런 지표에 의존하지 않고도 수행체계는 연쇄나 동일지시를 확인하거나 포착할 수 있기 때문이다. 문법이나 언어는 필수출력조건의 요구에 의해서만 결정될 수 있으므로 필수출력조건이 요구하지 않는 것들은 금지된다. 결국, 문법의 요소뿐만 아니라 문법의 체계, 문법의 운용까지도 궁극적으로는 필수출력조건에 의해 결정된다.

1.3.4. 논리형태 해독조건

문법 또는 언어의 가장 기본적인 요소인 어휘항목들도 필수출력조건에 의해 결정된다. 어휘항목의 음절 구조와 음성자질 구성이 음성형태 해독조건 (4ㄱ ii, iii)에 의해 결정됨은 앞서 논의한 바와 같다. 어휘항목의 형식자질과 의미자질상의 구성도 필수출력조건에 의해 결정된다. 즉, 논리형태 해독조건 (4ㄴ)의 (i) '적절한 어휘항목'에 의해 결정된다. 예를 들어,

적절한 형식자질을 갖추지 못했거나 적절하지 못한 형식자
질을 내포하는 어휘항목 그리고 적절한 의미자질을 갖추지
못하여 의미가 통하지 않는 어휘항목은 논리형태 해독조건
(4ㄴ)의 (i) '적절한 어휘항목'에 의해 제거된다.

　논리형태 해독조건 (4ㄴ)의 (ii) '적절한 구절'은 논리형태가
적절한 구절로만 구성될 것을 요구한다. 특히, 범주의 투사
계층(projection level)이 명시되지 않은 이분지 구조(binary-
branching structure)일 것을 요구한다. 이러한 논리형태 해독조
건, 즉 필수출력조건은 문법외적인 수행체계 연구로 논증되지
않고 문법-내적인 인지체계 또는 연산체계 연구로 논증된다.
예를 들어, 그러한 이분지 구조가 연산체계 운용에 있어 가장
경제적이고 적절함을 논증함으로써 그것이 수행체계의 필수
출력조건에 의해 요구되리라고 추정한다.

　논리형태 해독조건 (4ㄴ)의 (iii) '적절한 의미역 구조'는 논
리형태가 적절한 의미역 구조로만 구성될 것을 요구한다. 이
러한 필수출력조건은 상식적으로도 타당성이 있다. 즉, 논리
형태의 수행체계인 개념-의도 체계의 가장 중요한 기능의 하
나는 의미역 구조의 포착일 것이기 때문이다. 논리형태 해독
조건 (4ㄴ)의 (iv) '기타 의미 해석에 적절한 구조'는 논리형태
가 기타 의미 해석에 적절한 구조로만 구성될 것을 요구한다.
예를 들어, 논리형태 필수출력조건은 양화사 작용역(量化詞作
用域 quantifier scope) 등이 성분-통어(成分統御 C-command)의
구조적 형상(structural configuration)으로 포착되는 구조를 요구
한다. 이러한 필수출력조건의 요구가 만족되도록 연산체계가
운용된다. 즉, 필수출력조건은 연산체계의 운용도 결정한다.

1.3.5. 최소이론의 특이성

이상에서 논의한 바와 같이, 최소이론은 언어 또는 문법이 만족시켜야 할 유일한 조건은 필수출력조건뿐이라는 가설을 전제로 하고 있다. 즉, 최소이론은 필수출력조건을 언어 또는 문법의 핵심적 특성으로 간주한다. 다른 문법 이론들은 필수출력조건 이외의 요인을 언어의 핵심적 특성으로 간주한다. 예를 들어, 일반화 구절 구조 문법(Generalized Phrase Structure Grammar, GPSG)은 어구해부성(語句解剖性 Parsing)을 언어의 핵심적 특성으로 간주하여 그것을 중점적으로 연구하고, 전산 언어학(Computational Linguistics)은 정보처리성(情報處理性 Processing)을 언어의 핵심적 특성으로 간주하여 그것을 중점적으로 연구하고, 기능문법(機能文法 Functional Grammar)은 활용성(活用性 Usability)을 언어의 핵심적 특성으로 간주하여 그것을 중점적으로 연구한다.

그러나 어구해부성도 정보처리성도 그리고 활용성도 필수출력조건과 같은 언어의 핵심적 특성이 될 수 없음이 밝혀지고 있다. 다시 말하면, 언어는 어구해부성에 있어서도, 정보처리성에 있어서도, 활용성에 있어서도, 그 특성을 나타내지 않음이 밝혀지고 있다. 예를 들어, 소위 미로문(迷路文 Garden Path Sentence)의 경우 비교적 단순 구문임에도 불구하고 극히 낮은 어구해석성, 정보처리성, 활용성을 보인다. 미로문에 대하여서는 3.1.1.에서 자세히 논의할 것이다.

이와 같이, 필수출력조건을 언어의 핵심적 특성으로 보는 최소이론은 다른 문법 이론들과 구별될 뿐만 아니라 다른 학문과도 크게 구별된다. 최소이론은 언어 또는 문법은 필수출력조건에 의해 완전히 결정된다는 가설을 논증함으로써 언어를 규명하려고 한다. 다시 말하면, 필수출력조건 하나로 언어를 규명한다는 것이다. 즉, 필수출력조건의 이론은 곧 언어를 규명하는 이론이 된다는 것이다. 이와 같이, 하나의 조건에 대한 이론이 그 분야 전체 현상에 대한 이론이 되는 예는 다른 어떤 학문에서도 찾아 볼 수 없다.

  이러한 최소이론의 특이성을 어떻게 볼 것인가? 물론, 최소이론이 완전히 잘못 되어 가고 있을 가능성도 있다. 그러나 그런 가능성은 다른 어떤 학문에도 있다. 인간이 하는 모든 일에 그런 가능성은 항상 있다. 한편, 최소이론이 다른 학문들이 이르지 못한 독보적 경지를 가고 있을 가능성도 있다. 여하간, 최소이론이 학문적으로 특이한 경지를 가고 있는 것만은 분명하다.

1.3.6. 언어학의 특이성

  그런데 여기에서 한 가지 유의해야 할 점은 최소이론의 이러한 특이성을 종래 언어학에서도 어느 정도 찾아볼 수 있다는 것이다. 종래 언어학에서도 언어학자들은 소위 '언어학적 증거(linguistic evidence)'에만 입각한 이론이 언어 전반의 이론이 된다고 간주하여 왔다. 즉, 언어학자들은 언어 이론을 연구하고 설정함에 있어 '언어학적 증거' 이외의 다른 증거를 고려하는 것은 상상도 하지 않았다. '언어학적 증거'란 소위 음성적, 음운론적, 형태론적, 통사론적, 의미론적, 또는 화용론적 증거들이다.

그러나 이러한 '언어학적 증거'들만이 '언어'의 모든 속성을 완벽히 나타낸다고 단정할 수 없다. 예를 들어, 언어는 인간 두뇌 작용의 산물이므로 '언어'를 규명하는 이론의 설정에 있어 뇌생리학(腦生理學 neurology)적, 나아가 생화학(生化學 biochemistry)적, 증거가 관련 또는 개입될 가능성은 충분히 있다. 아마도 언어학자들은 '언어학적 증거' 이외의 그러한 심각한 증거가 없었다고 변명할 것이다.

그러나 특이한 것은 설령 지금 '언어학적 증거' 이외의 심각한 증거가 발견되었다고 할지라도, 언어학자들은 그것을 쉽게 받아들여 그들의 언어 이론을 수정할 자세가 전혀 되어 있지 않다는 점이다. 한편, 물리학과 같은 자연과학에서는 상황이 전혀 다르다. 예를 들어, 어떤 현상에 대한 물리학적 이론이 수학적 또는 화학적 증거에 의해 얼마든지 당장에 쉽게 무너질 수 있다.

제 2 장 문법의 최적성

2.1. 필요성

2.1.1. 유인과 병합의 요인

최소성은 필요성으로 이어진다. 즉, 최소화하려면 꼭 필요한 것만 택하고 꼭 필요하지 않은 것은 버려야 한다. 최소이론에서도 꼭 필요한 것만 택하고 꼭 필요하지 않은 것은 택하지 말아야 한다. 1.3.에서 논의한 바와 같이, 최소이론의 문법에서 모든 요소는 필수출력조건에 의해 요구되는 것, 즉 그 필요성이 확인되는 것이어야 한다. 필수출력조건에 의해 요구되지 않는 요소가 어떤 구조에 도입되면, 그 구조는 파탄(Crash)하거나 합치(Converge)되더라도 말이 안되는(gibberish) 해석을 받게 된다.

최소이론에서 모든 요소뿐만 아니라 모든 운용(operation)도 꼭 어떤 필요에 의해서만 이루어 진다. 최소이론에서 모든 운용도 궁극적으로 필수출력조건에 의해 요구되어야 한다. 이러한 필수출력조건의 요구가 구체적으로 어떻게 실현되는지 알아 보자. 유인(誘引 Attract)은 유인하는 표적(標的 target)의 비해석성 자질(非解釋性資質 uninterpretable feature)에 의해 요구

된다. 따라서 유인을 일으키는 표적을 유인자(誘引者 Attractor)
라고 부른다. 예를 들어, 주격(主格 Nominative Case)이라는 비
해석성 자질을 가지고 있는 유인자 I에 의해 주어의 주격 자
질이 I에 유인된다.

　병합(倂合 Merge)도 그 표적의 선택자질(選擇資質 Selectional
Feature)에 의해 요구된다. 따라서 병합을 일으키는 표적을 선
택자(選擇者 Selector)라고 부른다. 예를 들어, VP를 선택하는
선택자질을 가지고 있는 선택자 I에 의해 VP가 I에 병합된다.
보수전략(補修戰略 Repair Strategy)은 1.1.3.에서 논의한 바와
같이 음성형태 합치조건(PF Convergence Condition)과 개별언
어 형태론적 조건에 의해 요구된다.

　유인도 병합도 그 표적의 필요에 의해 작동된다. 즉, 유인
은 유인자인 표적의 비해석성 자질이 점검을 통해 제거되기
위해 작동되고, 병합은 선택자인 표적의 선택자질이 만족되기
위하여 작동된다. 따라서, 유인의 경우에도 병합의 경우에도
표적이 투사(投射 Project)되어야 하는 현상을 다음과 같이 설
명해 볼 수 있다. 즉, 유인의 경우에도 병합의 경우에도 그
작동을 요구하는 자가 투사된다. 그런데 이러한 투사자(投射
者 Projector)의 예측 또는 설명에 한 가지 예외가 있다. 그것
은 유인의 경우 유인되는 자질도 비해석성인 경우는 점검을
통해 제거되어야 하므로, 항상 유인자인 표적만이 그 유인을
필요로 한다고 할 수 없다는 것이다. 그러나 그런 예외적인
유인의 경우가 문제가 되지 않는다. 왜냐하면, 유인의 경우
유인되는 자는 자질이므로 어차피 투사될 수 없다.

　이와 같이 유인과 병합은 그 운용에 있어 유사점들이 있으

나 차이점도 있다. 첫째, 유인은 언어의 매개변인적 변이 (parametric variation)를 반영하지만, 병합은 대체로 그렇지 않 다. 즉, 병합은 언어-보편적 구조적 선택관계를 반영한다. 둘째, 유인의 경우 유인자의 형식자질은 유인·점검후 제거되지만, 병합의 경우 선택자의 선택자질은 병합후 제거되지 않는다.

연산체계에서 이동은 반드시 유인에 기인하고, 유인은 반드 시 어떤 유인자에 의하여 요구되어야 하므로, 어떤 유인자에 의하여 유인이 요구되지 않는 이동은 연산체계에 있을 수 없 다. 따라서, 유인자를 찾기 어려운 외치(外置 Extraposition)나 동사구 전치(動詞句前置 VP Fronting)와 같은 이동은 연산체 계의 이동으로 볼 수 없고, 아마도 음성형태 부문에서 요구되 는 다른 종류의 이동으로 보아야 할 것이다.

최근, N의 D로의 인상(N-to-D Raising), V의 I로의 인상 (V-to-I Raising), 그리고 I의 C로의 인상(I-to-C Raising)과 같 은 핵 이동(核移動 Head Movement)도 그 유인자를 정당화할 수 없으므로, 음성형태 부문의 형태론적 융합(形態論的融合 morphological merger) 현상으로 보아야 한다는 주장이 있다. 이 점에 대하여서는 뒤에 3.2.에서 더 자세히 논의할 것이다.

병합도 어떤 선택자에 의해 요구되어야 하므로, 어떤 선택 자에 의해 요구되지 않는 병합은 연산체계에 있을 수 없다. 따라서, 그 선택자를 찾기 어려운 부사절이나 관계절은 연산 체계에서 병합되지 않고 별개의 구조로 존재하다가[12] 음성형

---

[12] 부사절이나 관계절이 연산체계에서 주절과 연결되지 않고 별도로 생성-도출된다는 것은 평면적 2차원의 수형도(樹型圖 tree)가 아니라 입체적 3차원의 수형도를 가정하는 것이다. 입체적 3차원의 수형도

태에 가서 1.3.2.에서 논의한 음성형태 해독조건 (4ㄱ) (i) '시간적 순서'에 의하여 그 어순이 결정된다고 가정해 볼 수 있다. 그러나 문제는 부사절이나 관계절이 적절한 의미해석을 위해서도 논리형태에서도 주절과 어떤 구조적 관계를 맺어야 한다는 것이다. 이 문제의 한가지 해결 방안으로서, 음성형태에서 부사절이나 관계절이 어순이 결정될 때 그 어순 정보가 논리형태에도 전달된다고 가정해 볼 수 있다. 이것은 1.1.5.에서 언급한 바와 같이 의미해석-2의 경우 음성형태의 정보가 논리형태에서도 활용될 수 있다고 가정한 것과 일맥 상통한다.

2.1.2. 배번집합의 범위

부사절이나 관계절의 배번집합은 주절의 배번집합과는 별도로 조성되고 그 구조의 도출도 주절과 별도로 이루어진다고 보아야 한다. 왜냐하면, 부사절이나 관계절의 도출이 주절의 도출과 경쟁관계에 있게 되는 경우가 없기 때문이다. 예를 들어, 단문인 (1)에서는 *there*-삽입(*there*-Insertion)이 명사구-인상(NP-Raising)보다 먼저 적용되어야 하지만, 복문인 (2)에서는 명사구-인상이 *there*-삽입보다 먼저 적용될 수 있다.

(1) There$_i$ seems [$_{IP}$ t$_i$ to be [$_{PP}$ a man in the room]]

(2) There arrived a man who someone$_i$ seemed [$_{IP}$ t$_i$ to look for]

는 다중 등위 접속 구문(multiple coordinate conjunction structure) 등의 구조를 위하여 강명윤 교수에 의해 제안된 바 있다.

다시 말하면, 단문인 (1)에서는 *there*의 삽입과 *a man*의 인상이 경쟁관계에 있으므로 우선권이 있는 *there*의 삽입만이 가능하지만, 복문인 (2)에서는 주절의 *there*의 삽입과 관계절의 *someone*의 인상이 경쟁관계에 있지 않으므로 *someone*의 인상이 우선할 수 있다. 따라서, 관계절 같은 부가절(附加節 adjunct clause)의 배번집합은 그 주절의 배번집합과 별개로 조성된다고 보아야 한다. 이러한 분석은 관계절과 같은 부가절이 어떠한 선택자에게도 선택되지 않아 연산체계에서 병합되지 않는다는 사실에도 부합된다. 그런데, 이러한 주절과 종속절의 배번집합상의 분리현상은 다음 (3)에서 보듯이 주절과 보문절(補文節 complement clause) 사이에도 일어난다.

(3) There is a proof that a contradiction$_i$ is bound [$_{IP}$ t$_i$ to arise]

(3)에서도 주절의 *there*의 삽입과 보문절의 *a contradiction*의 인상이 경쟁관계에 있지 않으므로 *a contradiction*의 인상이 우선할 수 있다. 따라서, 배번집합은 절(節) 단위로 조성된다고 보거나 도출의 경제성 계산은 절 단위로 이루어진다고 보아야 한다.

2.1.3. 수의성과 의무성

이상에서 논의한 바와 같이, 언어 또는 문법의 모든 요소와 운용이 어떤 필요에 의하여 요구되는 것이고, 그렇게 요구되는 것은 반드시 충족되어야 한다면, 언어 또는 문법에 있어 모든 요소와 운용은 항상 의무적(義務的 obligatory)이고, 따라서 수의적(隨意的 optional)인 것은 허용되지 않는 것이 된다. 그러나 언어에는 수의적인 현상이 있는 것으로 간주되어 왔다.

과연 겉으로 보기에 수의적으로 보이는 현상은 언어에 많다. 최소이론에서는 그렇게 수의적으로 보이는 현상도 일어날 때는 어떤 필요에 의해 요구되는 경우이고, 일어나지 않을 때는 어떠한 필요에 의해서도 요구되지 않는 경우라고 본다. 예를 들어, *book, books*와 같은 영어 단어를 보고, 영어 명사에는 복수 접미사(接尾辭 suffix) *-s*가 수의적으로 붙는다고 기술할 수도 있다. 그러나 영어 명사가 복수일 때는 복수 접미사 *-s*가 의무적으로 붙는다고, 즉 복수 접미사 *-s*는 복수라는 의미자질에 의해 요구된다고, 보는 것이 더 영어의 본질을 규명하는 것이 될 것이다.

2.2. 유인

2.2.1. '이동'에서 '유인'으로

언어능력에서 가장 중요한 부분은 인지체계이고, 인지체계에서 가장 중요한 부분은 연산체계이고, 연산체계에서 가장 중요한 부분은 유인이라고 할 수 있다. 인간 언어의 모든 종류의 소위 변형 과정(transformational processes)이 최소이론에서는 유인 과정으로 집약된다.

유인에는 유인하는 자와 유인되는 자가 있게 된다. 유인하는 자, 즉 유인자는 대체로 기능범주(機能範疇 functional category)로서 그것의 형식자질은 모두 비해석성 자질이다. 비해석성 자질은 논리형태에서 해석될 수 없으므로 제거되어야 한다. 비해석성 자질의 제거는 자질점검(資質點檢 feature checking)에 의하여 이루어진다. 자질점검은 α라는 자질이 β라는 자질을 내포하는 핵(核 Head)에 유인되어 부가(附加 Adjoin)됨으로써 이루어지는데, 이때 α와 β는 똑같은 자질이어야 한다. 따라서, 유인은 유인자의 비해석성 자질(=β)에 의해 요구된다고 하겠다. 유인되는 자질(=α)도 비해석성 자질일 때는 자질점검을 통하여 제거된다. 유인을 통한 자질점검은 유인자 핵(attractor head), 즉 표적(target)의 비해석성 형식자질(=β)들이 모두 제거될 때까지 진행된다.

종래의 '이동(Move)'의 개념이 최소이론에서는 '유인(Attract)'의 개념으로 바뀌었다. '이동'은 '이동자(移動者)'의 입장의 개념이고, '유인'은 '유인자(誘引者)'의 입장의 개념이다. 최소이론에서 '이동'의 개념 대신에 '유인'의 개념을 언어학적으로 의의있는(linguistically significant) 개념으로 택하는 근거는 다음과 같다. 첫째, 초인상(超引上 Superraising) 구문의 설명에 있어 유인의 개념이 더 유용하다. 다음 (4)와 같은 구조를 보자.

(4) [$_{XP}$ α X [$_{YP}$ β Y [$_{ZP}$ γ Z............δ.........]]]

　(4)에서 보듯이 두 개의 이동자 γ 와 δ 에 대하여 두 개의 유인자 X와 Y가 있다고 할 때, 유인자 X는 멀리 있는 δ 보다 가까이 있는 γ 를 α 의 위치로 유인하게 되고, 유인자 Y도 역시 멀리 있는 δ 보다 가까이 있는 γ 를 β 의 위치로 유인하게 된다. 따라서, 유인은 초인상 조건(Superraising Condition)에 부합한다. 그러나 이동은 초인상 조건에 부합하지 않는다. 왜냐하면, 이동자 γ 는 멀리 있는 α 보다 가까이 있는 β 의 위치로 이동하고, 이동자 δ 도 멀리 있는 α 보다 가까이 있는 β 의 위치로 이동할 것이기 때문이다.

　둘째, 다중 지정어 구문(多重指定語構文 multiple specifier construction)의 이동 제약의 설명에 있어서도 유인의 개념이 더 유용하다. 다음 (5)의 구조를 보자.

(5) $[_{XP}\ \alpha\ [_{XP}\ \beta\ X\ [_{YP}\ \gamma\ Y\ ....]]]$

　(5)에서 α 는 X의 외곽 지정어(outer SPEC)이고, β 는 X의 내곽 지정어(inner SPEC)이고, γ 는 Y의 지정어이다. 다중 지정어 구문에서 어떤 핵의 내곽 지정어 자리에서 그 핵의 외곽 지정어 자리로의 이동은 불가능하다. 이 사실이 유인의 개념으로는 자연스럽게 포착되지만, 이동의 개념으로는 포착되지 않는다. 즉, (5)의 구조에서 유인자 X는 X의 내곽 지정어 β 와는 이미 자질점검이 끝났으므로, β 를 다시 X의 외곽 지정어 자리로 유인할 이유가 없다. 따라서, (5)에서 α 의 자리로 γ 는 유인될 수 있으나 β 는 유인될 수 없다. 한편, 이동자의 입장에서는 정반대의 결과에 이른다. 즉, α 에서

멀리 있는 γ 보다는 가까이 있는 β 가 α 에게로 이동하게 된다.

셋째, *Wh*-섬 조건(*Wh*-Island Condition)의 설명에 있어서도 유인의 개념이 유용하다. 다음 (6)의 구조를 보자.

(6) $[_{CP}$ Q_1...............$[_{CP}$ Q_2..........*wh*-........]]

(6)과 같은 구조에서 *wh*-어구는 Q_1로는 이동하지 못하고 Q_2 로만 이동할 수 있다. 이것을 *Wh*-섬 조건이라고 한다. *Wh*-섬 조건은 이동자의 입장에서는 설명되지만 유인자의 입장에서 는 설명되지 않는 듯하다. 왜냐하면, (6)에서 이동의 관점에 서는 이동자 *wh*-어구는 멀리 있는 Q_1보다 가까이 있는 Q_2에 게로 이동하게 되지만, 유인의 관점에서는 유인자 Q_1도 유인 자 Q_2도 단 하나뿐인 *wh*-어구를 유인할 수밖에 없기 때문이 다. 그러나 이것은 최소이론의 도출적 문법론(導出的文法論 derivational theory of grammar)에서는 문제가 되지 않는다. 즉, (6)의 구조의 도출에 있어서 종속절 CP까지 도출된 시점에서 *wh*-어구는 Q_2에게 이미 유인되므로, 주절 CP가 도출되는 시 점에서는 그 *wh*-어구는 Q_1의 유인 대상이 되지 않는다.

넷째, 하위인접조건(下位隣接條件 Subjacency Condition)의 설명에 있어서도 유인의 개념이 유용하다. 다음 (7)의 구조를 보자.

(7) $[_{XP}$ α X $[_{YP}$ β Y $[_{ZP}$ γ Z.................]]]

(7)과 같은 구조에서 YP와 ZP가 장벽(障壁 Barrier)일 때 γ가 β의 위치로는 이동할 수 있어도 α의 위치로는 이동할 수 없다. 이것을 하위인접조건이라고 한다. 하위인접조건도 이동자의 입장에서는 설명되지만 유인자의 입장에서는 설명되지 않는 듯하다. 왜냐하면, (7)에서 이동의 관점에서는 이동자 γ는 멀리 있는 α보다 가까이 있는 β에게로 이동하게 되지만, 유인의 관점에서는 유인자 X도 유인자 Y도 단 하나뿐인 이동자 γ를 유인할 수밖에 없기 때문이다. 그러나 이것도 최소이론의 도출적 문법론에서는 문제가 되지 않는다. 즉, (7)의 구조에서 YP까지 도출된 시점에서 유인자 Y는 γ를 유인할 것이므로, XP까지 도출되는 시점에서는 γ가 X에게 유인될 대상이 되지 않는다.

한편, (7)의 구조에서 β가 γ의 착지점(着地點 landing site)이 될 수 없는 상황에서는 이동도 유인도 하위인접조건을 설명하지 못하게 되는데, 유인의 경우는 모든 기능범주는 범주자질(範疇資質 categorial feature)의 자질점검(feature checking)을 위해 유인한다고 가정함으로써 이런 상황에서도 하위인접조건을 설명할 수 있다. 즉, (7)의 구조에서 YP까지 도출된 시점에서 유인자 Y는 최소한 자신의 범주자질 점검을 위해 γ를 유인한다는 것이다. 그렇게 되면, XP까지 도출되었을 때 γ가 X에게 유인되어 α로 이동되는 가능성은 자동적으로 제거된다.

다섯째, 소위 논리형태 이동(LF Move)에서도 유인의 개념이 더 유용하다. 위에서 논의했던 다음 (6)과 같은 논리형태 구조를 보자.

(6) [CP Q₁...............[CP Q₂...........*wh*-........]]

Q의 [+*wh*]-자질 유인이 논리형태에서 일어나는 언어에서는 (6)과 같은 구조가 문자화 이전에 도출된 뒤에 논리형태에서 Q의 [+*wh*]-자질 유인이 일어난다. 그런데 (6)과 같은 논리형태에서 *wh*-어구는 Q₂에 유인되어 좁은 작용역(narrow scope)을 가질 수도 있고, Q₁에 유인되어 넓은 작용역(wide scope)을 가질 수도 있다. 이 사실은 유인의 개념으로는 설명되어도 이동의 개념으로는 설명되지 않는다. 왜냐하면, 유인의 관점에서는 유인자 Q₁도 유인자 Q₂도 단 하나뿐인 *wh*-어구의 [+*wh*]-자질을 유인하게 되지만, 이동의 관점에서는 이동자인 *wh*-어구의 [+*wh*]-자질이 멀리 있는 Q₁보다 가까이 있는 Q₂에게로만 이동하게 되기 때문이다.

2.2.2. 유인자의 자살적 이기성

이동의 개념이 유인의 개념으로 바뀌면서 이기성(利己性 Greed)의 개념도 이동자의 이기성에서 유인자의 이기성으로 바뀐다. 다시 말하면, 종래에는 이동자가 자신의 필요를 만족시키기 위하여 이동한다고 보았으나, 지금은 유인자가 자신의 필요를 만족시키기 위하여 이동자를 유인한다고 본다. 유인자가 이동자를 유인하는 요인은 유인자의 형식자질이다. 즉, 유인자의 형식자질은 비해석성 자질이므로 이들이 자질점검을 통해 제거되기 위하여 이동자 자질을 유인하게 된다. 이와 같이, 유인자의 비해석성 형식자질들은 이동자 자질을 유인하여

자질점검을 통해 그들 스스로가 제거됨으로써 그들의 필요가 만족되는 것이다. 따라서, 그들의 이기성을 자살적 이기성(Suicidal Greed)이라고 한다.

이와 같이 유인자의 형식자질을 모두 비해석성 자질로 간주하여, 그들이 이동자 자질과 자질점검되자마자 제거되게 하는 것은 유인자의 각 형식자질에 대한 점검이 꼭 한번만 일어나게 하기 위해서이다. 만일 유인자의 형식자질에 해석성 자질이 있다면, 그 자질은 점검 후에도 제거되지 않을 것이므로, 불필요하게 또는 부당하게 계속 유인을 반복할 것이다. 따라서, 유인자의 형식자질을 모두 비해석성 자질로 간주함으로써 불필요한 또는 잘못된 점검 도출을 막아서, 꼭 필요한 점검만 이루어지게 한다.

유인된 이동자 자질은 유인자 핵(attractor head), 즉 표적(target)에 부가됨으로써 자질점검이 이루어진다. 이와 같이 유인된 이동자 자질이 바로 유인자 표적에 부가될 때, 소위 엄밀 순환성(嚴密循環性 Strict Cyclicity)이 보장된다. 왜냐하면, 최소이론의 도출적 문법론에서 문자화 이전의 유인에 있어 그 표적은 항상 그 구조의 정점(頂點 top node)이기 때문이다. 예외적으로, 만일 유인된 이동자 자질이 그 표적에 부가되지 않고 그 표적에 관할(管轄 Dominate)되는 어떤 핵에 부가될 때 그 유인은 엄밀 순환성이 지켜지지 않는다. 아마도 문자화 이후의 유인에 그런 경우가 있을 수 있겠다.

2.3. 보수전략

2.3.1. 유인과 보수전략

연산체계의 핵심적 운용(operation)은 유인이다. 그러나 문자화 이전의 유인은 보수전략(補修戰略 Repair Strategy)이 뒤따른다. 즉, 문자화 이전의 유인에 있어서 유인되는 형식자질은 음성자질 그리고 의미자질과 함께 어휘항목을 이루고 있는데, 유인으로 인하여 형식자질만 빠져나간 어휘항목은 음성형태 해독조건(PF Legibility Condition)에 의해 해독되지 못하므로 보수전략의 조치가 뒤따라야 한다. 요컨대, 보수전략은 유인으로 인해 형식자질이 빠져나간 어휘항목을 보수해서 다시 음성형태 해독조건에 의해 해독될 수 있도록 하는 전략이다. 한편, 문자화 이후의 유인은 보수전략이 뒤따를 필요가 없다. 왜냐하면, 문자화 이후의 운용의 결과는 음성형태 해독조건에 의해 해독될 필요가 없기 때문이다.

그러면, 구체적인 예를 들어 보수전략의 과정을 살펴 보자. 다음 (8)에서 보는 의문사구-이동(*Wh*-Movement)의 경우를 보자.

(8) [$_{CP}$ Whose book$_i$ did$_j$ [$_{IP}$ John t$_j$ read t$_i$]]?

(8)에서 의문사구-이동의 과정은 다음과 같다. 먼저 유인의 단계에서 *whose*라는 어휘항목 속의 [+*wh*]-자질이 C의 [+*wh*]-

자질에 의해 유인되어 자질점검이 일어난다. [+*wh*]-자질은 해석성 자질(解釋性資質 interpretable feature)임에도 불구하고 [+*wh*]-자질의 자질점검이 일어나는 이유는, 이동자 *whose*의 [+*wh*]-자질은 해석성 자질이지만 유인자인 C의 [+*wh*]-자질은 비해석성 자질이기 때문이다. 즉, 유인자 C의 비해석성 자질인 [+*wh*]-자질을 제거해 주기 위하여 이동자 *whose*의 해석성 자질인 [+*wh*]-자질이 동원되는 것이다.

그 다음, [+*wh*]-자질이 빠져나간 어휘항목 *whose*는 음성형태 해독조건에 의해 해독되지 못하므로 보수전략의 적용을 받아야 한다. 즉, *whose*는 자신의 [+*wh*]-자질이 유인되어 간 C에 가능한 한 가까운 자리까지 이동해 가서 C에 부가되어 있는 자신의 그 [+*wh*]-자질을 통해 보수되어야 한다. *whose*가 보수 받기 위해 가야 하는 자리, 즉 C에 가장 가까운 자리는 C의 지정어 자리 뿐이다. 따라서, *whose*는 C의 지정어 자리로 이동해 가서 C에 부가되어 있는 자신의 그 [+*wh*]-자질을 통해 보수된다.

이와 같이 *whose*가 보수 받기 위해 C의 지정어 자리로 이동해 가는 과정은 기존의 병합(Merge)의 과정으로 볼 수 있다. 즉, 그것은 (8)에서 *John*이 VP의 지정어 자리로 병합되어 들어 오는 과정과 그 양상이 같다고 본다. 다만, 후자는 선택자질(selectional feature)에 기인하는 외부로부터의 병합(external Merge)인 반면, 전자는 점검자질(checking feature)에 기인하는 내부로부터의 병합(internal Merge)이라는 점만이 다르다.

이와 같이 (8)의 도출에서 *whose*가 C의 지정어 자리로 병합되어 가서 C에 부가되어 있는 과거의 자신의 [+*wh*]-자질을 통해 보수되면, 일단 보수전략의 필요는 만족된다. 그러나 그 보수전략의 수행과정에서 다음 (9)와 같은 영어의 형태-통사론적(morphosyntactic) 제약을 어기게 된다.

(9) 명사와 그 명사를 수식하는 어구는 인접해 있어야 한다.

따라서, (9)의 조건을 만족시켜야 하는 필요 때문에, (8)의 도출에서 *whose*가 C의 지정어 자리로 병합되어 갈 때 *book*도 따라 가야 한다. 이런 과정을 선도(先導 pied piping)라고 부른다. 선도는 보수전략의 본질적 요소가 아니다.

결국, 보수전략은 병합과 보수(Repair)의 두 과정을 거쳐 완성되는데, 그 병합은 연쇄(連鎖 Chain)를 형성하고 보수는 일종의 연결(連結 Link)을 형성한다고 본다. 보수가 형성하는 연결의 문법적 의의에 대하여 3.3.4.에서 자세히 논의할 것이다.

2.3.2. 대입/부가의 예측

다음에는 (8)에서 보는 I의 C로의 인상(I-to-C Raising)의 경우를 살펴 보자.[13] 먼저 유인의 단계에서 *did*의 범주자질인 [+I] 자질이 C의 [+I] 자질에 유인되어 자질점검이 일어난다.

---

[13] 2.1.1.에서 언급한 바와 같이 그리고 3.2.2.에서 논의하는 바와 같이 최근 I의 C로의 인상(I-to-C Raising)은 연산체계의 현상이 아니라 음성형태 부문의 현상이라는 주장이 있다. 여기서는 I의 C로의 인상이 연산체계의 핵 이동(核移動 Head Movement)이라는 종래의 가정 아래 논의를 진행하겠다.

범주자질 [+I]는 해석성 자질임에도 불구하고 [+I] 자질의 자질점검이 일어나는 이유는, 이동자 *did*의 [+I] 자질은 해석성 자질이지만 유인자인 C의 [+I] 자질은 비해석성 자질이기 때문이다.

그 다음, [+I] 자질이 빠져나간 어휘항목 *did*는 음성형태 해독조건에 의해 해독되지 못하므로 보수전략의 적용을 받아야 한다. 즉, *did*는 자신의 [+I] 자질이 유인되어 간 C에 가능한 한 가까운 자리까지 이동해 가서 C에 부가되어 있는 자신의 그 [+I] 자질을 통해 보수되어야 한다. *did*가 보수 받기 위해 가야 하는 자리, 즉 C에 가장 가까운 자리는 *did*의 경우 C에 부가되는 자리 뿐이다. 왜냐하면, [+I]는 범주자질이기 때문이다. 다시 말하면, [+*wh*]-자질과 같은 어구(語句 phrase)의 자질의 경우에는 보수전략을 위해 병합이 일어날 때 소위 *wh*-어구가 이동하지만, [+I]와 같은 단어의 자질의 경우에는 보수전략을 위해 병합이 일어날 때 그 단어만 이동하기 때문이다.

그런데, 연산체계에서 어구(=XP)의 이동은 대입(代入 Substitution)이고, 기타 단어, 핵(=X^0), 자질 등의 이동은 부가(附加 Adjunction)임이 밝혀져 있다.[14] 결국, (8)에서 C라는 표적을 향해 대입되어야 하는 *whose book*은 C의 지정어 자리로 이동해 가고, C라는 표적에 부가되어야 하는 *did*는 C에 부가되는 자리로 이동해 간다.

---

[14] 따라서 연산체계 이동에 있어 대입 이동이냐 부가 이동이냐의 표시는 할 필요가 없다. 왜냐하면, XP-이동이면 자동적으로 대입 이동이고 기타 이동은 자동적으로 부가 이동이기 때문이다. 즉, 연산체계에서 XP가 부가 이동되는 경우는 없다.

따라서, 부가되는 XP-이동은 점검 이동이라고 볼 수 없다. 2.1.1.에서 언급한 바와 같이, 외치(Extraposition)나 동사구 전치(VP-Fronting)는 부가되는 XP-이동으로 간주되어 왔는데, 과연 점검 이동이라고 볼 수 없다. 이와 같이 점검이론은 이동의 종류를 축소하는 데 공헌한다.

*did*가 보수 받기 위해 C에 부가되는 것은 기존의 어휘항목 병합과 같은 과정으로 볼 수 있다. 즉, 그것은 기저에서 핵이 핵에 부가되어 들어 오는 과정과 그 양상이 같다고 본다. 다만, 후자는 선택자질에 기인하는 외부로부터의 병합(external Merge)인 반면, 전자는 점검자질에 기인하는 내부로부터의 병합(internal Merge)이라는 점만이 다르다.

2.3.3. 예상적용의 비국부성

보수전략은 음성형태 합치조건(PF Convergence Condition) 또는 음성형태 해독조건(PF Legibility Condition)의 만족을 위해 요구된다. 그런데 보수전략은 문자화 이전에 적용된다. 따라서, 보수전략은 이러한 음성형태 조건을 예상해서 미리 적용되는 셈이다. 이와 같이 어떤 문법적 운용이 앞으로 있을 일을 예상해서 미리 적용되는 것은 최소이론의 정신에 어긋난다. 실제로, 최소이론의 지연원리(遲延原理 Principle of Procrastinate)가 바로 이러한 문법적 운용의 예상적용을 금지한다.[15]

---

[15] 최근 지연원리는 제거되어야 한다는 주장이 있다. 그러나 이 주장은 언어의 그 지연성의 속성이 문법에서 지연원리가 아닌 다른 방법으로 포착되어야 한다는 것이며, 언어의 지연성의 속성 자체를

예를 들어, 다음 (10)과 같은 소위 예외적 격표시(例外的格表示 Exceptional Case-Marking, ECM) 구문에서 종속절 주어 *him*이 AP의 지정어 자리에서 IP의 지정어 자리로 이동한 것은 논리형태에서 *him*이 대격의 자질점검을 위해 상위절 동사 *believe*에게로 이동할 것을 예상해서 미리 이동하는 것이라고 설명했었으나 이것은 지연원리에 어긋나는 설명이다. 이와 같이 어떤 문법적 운용이 지연원리를 어기고 미리 적용되는 것을 예상적용의 비국부성(豫想適用非局部性 "look-ahead" global complexity)이라고 한다.

(10) I believe [$_{IP}$ him$_i$ to [$_{VP}$ be [$_{AP}$ t$_i$ honest]]]

최근 이러한 예상적용의 비국부성을 제거하는 방안으로서 형태론적 국부적 연산(形態論的局部的演算 morphological local algorithm)이 제안되고 있다. 이 제안에 의하면, (10)의 경우 종속절 주어 *him*이 AP의 지정어 자리에서 IP의 지정어 자리로 이동한 것은 논리형태에서 *him*이 대격의 자질점검을 위해 상위절 동사 *believe*에게로 이동할 것을 예상해서 아니라, I인 *to*의 범주자질 [+D]를 점검해 주기 위해 *him*의 범주자질 [+D]가 유인되어 일어나는 자질점검에 기인하는 이동이라고 본다. 즉, [+D]라는 형태론적 자질을 설정하여 자질점검이라는 국부적 연산으로 예상적용의 비국부성을 극복한다는 것이다.

부인하는 것은 아니다. 최소이론의 종래의 지연원리에 대하여서는 양동휘(1995)를 참조할 것.

같은 방법으로 보수전략의 예상적용의 비경제성을 극복할 수 있다. 즉, 보수전략은 음성형태에 가서 해독조건을 만족시켜야 할 필요성을 예상해서 미리 적용되는 것이 아니라, 이동자 어휘항목으로부터 형식자질이 유인되어 나올 때 그 이동자 어휘항목 속에 음성자질도 함께 있으면, 그 음성자질에 의해 야기된다고 보는 것이다. 따라서, 이동자 어휘항목으로부터 형식자질이 유인되어 나올 때 그 이동자 어휘항목 속에 음성자질도 함께 있지 않으면, 보수전략이 야기되지 않는다. 그러한 경우는 문자화 이후 논리형태에서 형식자질이 유인되는 경우이다. 왜냐하면, 모든 어휘항목의 모든 음성자질은 문자화에서 이미 음성형태 쪽으로 떨어져 나갔으므로 문자화 이후 논리형태에는 음성자질이 하나도 남아 있지 않기 때문이다.

결국, 앞으로 음성형태에 가서 음성형태 해독조건을 만족시킬 필요가 있을 때만 보수전략이 미리 적용된다는 예상적용의 비국부성은, 보수전략의 직전 단계인 유인 단계에서 그 유인되는 형식자질이 같은 어휘항목 속에 음성자질과 함께 있었느냐 아니냐라는 형태론적 국부적 연산으로 극복된다.

이와 같이 보수전략의 예상적용의 비국부성을 형태론적 국부적 연산으로 극복하면 다음과 같은 이점이 있다. 다음 (11)과 같은 명사구-인상(名詞句引上 NP-Raising)의 순환적 적용(循環的適用 cyclic application)의 경우를 보자.

(11) John$_i$ seems to Mary$_j$ [t$'_i$ to appear to himself$_i$/*herself$_j$ [t$_i$ to be intelligent]]

(11)에서 *John*을 지시하는 *himself*는 가능해도 *Mary*를 지시하는 *herself*는 불가능하다. 이 사실을 결속이론(結束理論 Binding Theory)에 의해 설명하기 위하여서는 *John*의 중간 혼적(intermediate trace) t'이 필요하다. 즉, *himself*는 t'에게 국부적으로 결속(局部的結束 locally bound)되어 있지만, *herself*는 그렇지 못하다. 따라서, *himself*는 결속이론을 만족시키지만, *herself*는 그렇지 못하다. 그런데, 만일 보수전략이 음성형태에 가서 음성형태 해독조건을 만족시킬 수 있기 위해 미리 적용되는 것이라면, (11)에서 *John*의 중간 혼적 t'은 존재할 수 없다. 즉, 음성형태에서 혼적은 보이지 않으므로 음성형태 해독조건 만족 여부와 무관하다. 따라서, 중간 혼적은 보수전략을 정당화하지 못한다. 결국, 중간 혼적은 존재할 수 없다. 왜냐하면, 중간 혼적도 보수전략에 기인할 수밖에 없기 때문이다.

그러나 보수전략이 위에서 논의한 바와 같이 형태론적 국부적 연산에 기인한다고 보면, (11)에서 *John*의 중간 혼적 t'은 정당화된다. 즉, (11)의 도출 과정에서 *John*이 최초 혼적 t의 자리에서 중간 혼적 t'의 자리로 유인되고 보수되는 과정을 보면, 먼저 *John*의 범주자질 [+D]가 중간절의 I인 *to*의 형식자질 [+D]에 의해 유인되는데, 그때 *John*의 범주자질 [+D]는 *John* 안에서 음성자질과 함께 있으므로 보수전략이 야기된다. 따라서, *John*은 중간 혼적 t'의 자리에 일단 들렀다가, 또다시 유인과 보수의 과정을 거쳐 주절 주어 자리로 이동해 가게 된다. *John*이 주절 주어 자리로 이동해 가면, t' 자리의 *John*은 자동적으로 혼적으로 간주되어 음성형태에서는 보이지 않게 된다.

만일 보수전략이란 음성형태에 가서 음성형태 해독조건을 만족시킬 수 있기 위해 미리 적용되는 것이라면, 다음 (12)와 같은 구문도 설명되지 않는다. 즉, PRO는 음성자질이 없으므로 음성형태에서 보이지 않는다. 따라서, 음성형태 해독조건 만족 여부와 무관하다. 그럼에도 불구하고, (12)에서 PRO는 현시적 이동(顯示的移動 overt Move)을 하는 것으로 분석된다. 즉, PRO에도 보수전략이 적용되는 것으로 분석된다. 이런 분석은 음성형태 해독조건에 입각한 보수전략으로는 도저히 설명되지 않는다.

(12) PRO$_i$ appearing [t$'_i$ to have been killed t$_i$] is hard

형태론적 국부적 연산에 입각한 보수전략으로도 (12)에서 보는 PRO의 이동은 설명되지 않는 듯하다. 왜냐하면, PRO에는 처음부터 형식자질과 의미자질만 있고 음성자질이 전혀 없기 때문이다. 그러나 PRO와 같이 원래 음성자질이 전혀 없는 어휘항목은 추상적 음성자질(abstract phonetic feature)이 있다고 가정해 볼 수 있다. 그리고 이 추상적 음성자질이 보수전략을 야기시킨다고 가정해 볼 수 있다. 그러나 이 추상적 음성자질이 음성형태 해독조건을 만족시킨다고 가정하기는 어렵다. 왜냐하면, 음성형태 해독조건은 구체적 음성에 대한 조건이기 때문이다.

2.3.4. 이동과 병합의 경쟁

위에서 논의한 바와 같이 (현시적) 이동은 유인에 보수전략이 뒤따르는 경우이다. 그리고 보수전략은 병합과 보수로 이루어진다. 따라서, 이동과 병합이 경쟁할 때는 항상 병합이 이긴다. 왜냐하면, 이동은 병합을 내포하는 훨씬 복잡한 과정이기 때문이다. 예를 들어, 다음 (13)의 구문을 보자.

(13) There$_i$ seems [$_{IP}$ t$_i$ to be [$_{PP}$ a man in the room]]

(13)의 도출에 있어서 종속절 INFL인 *to*까지 도출된 시점에서 이동과 병합이 경쟁하게 된다. 즉, 종속절 INFL의 지정어 자리에 *a man*이 이동해 들어 올 수도 있고 *there*가 병합되어 삽입될 수도 있다. 이런 경우에 병합이 이긴다. 즉, *there*가 병합·삽입되어 (13)이 도출된다.

소위 목적어-인상(目的語引上 Object-Raising, OB-Raising) 언어에서 목적어 이동보다 주어 병합이 우선한다. 다음 (14)의 *v*P 구조를 보자.

(14) [$_{vP}$ OB$_i$ [$_{vP}$ SU *v* [$_{VP}$ V t$_i$]]]

(14)의 구조에서 *v*까지 도출된 시점에서 이동과 병합이 경쟁하게 된다. 즉, *v*의 지정어 자리에 목적어(OB)가 이동해 들어올 수도 있고 주어(SU)가 병합되어 삽입될 수도 있다. 이런 경우 병합이 이긴다. 즉, 주어가 먼저 병합·삽입된다. 목적어

는 그 다음에 v의 외곽 지정어 자리에 이동되어 (14)가 도출된다.

한편, 이동과 유인은 경쟁하지 않는다. 왜냐하면, 이동은 유인 직후 보수전략이 추가로 적용되는 경우인데, 보수전략이 적용되는 환경과 적용되지 않는 환경은 상보적 분포를 하고 있기 때문이다. 또 병합과 유인도 거의 경쟁하지 않는다. 왜냐하면, 병합의 환경과 유인의 환경도 대체로 상보적 분포를 하고 있기 때문이다. 그러나 논리형태에서 병합이 일어나는 경우가 확인된다면[16] 병합과 유인이 경쟁할 가능성도 없지 않다.

2.4. 기능범주

2.4.1. 기능범주의 정당화

유인자는 거의 모두 기능범주(機能範疇 Functional Category)이다.[17] 그리고 연산체계의 핵심적 운용은 유인이다. 따라서, 연산체계의 핵심적 운용은 기능범주에 기인한다고 할 수 있다. 또 자질점검은 유인되는 자질이 유인자인 기능범주에 부

---

[16] 의문문의 C인 Q는 음성자질이 전혀 없다고 보면, 1.1.2.에서 논의한 바와 같이, 논리형태에서 병합되어 들어올 가능성이 있다.

[17] Chomsky(1995)는 예외적으로 어휘범주(語彙範疇 Lexical Category)인 A도 유인자가 될 수 있다고 말한다. 최근, 어휘범주인 V도 유인자가 될 수 있다는 주장도 있다.

가됨으로써만 이루어지므로, 각 기능범주 속에서 연산체계의 핵심적 운용이 전개된다고 할 수 있다. 또 인간 언어의 변이 (變異 variation)도 대체로 기능범주에 대한 매개변인(媒介變因 Parameter)만으로 규명될 수 있다. 그러므로, 각 언어를 규명하는 모든 핵심적 정보가 기능범주에 집결되어 있는 셈이다. 따라서, 기능범주의 설정과 그 정당성은 최소이론 문법의 핵심적 과제가 된다.

지금 제안·설정되어 있는 기능범주는 D, I(또는 T), C, v[18] 등이다. 이들의 음성적 정당성은 매우 미약하다. D는 *the*로 나타나기도 하고, I(또는 T)는 *-ed* 또는 *will*로 나타나기도 하고, C는 *that*로 나타나기도 하지만, 이들 기능범주는 모두 음성자질이 전혀 없는 공범주(空範疇 Empty Category)로서 오히려 중요하게 쓰인다. 이들의 의미적 정당성도 추상적이거나 이론-내적(理論內的 theory-internal)일 뿐이다. D는 지시성(指示性 reference)을 나타내고, I(또는 T)는 사건성(事件性 event)을 나타내고, C는 양상(樣相 modality) 또는 수행력(遂行力 performative force)을 나타낸다고 하지만, 그 어느 것도 어떤 기능범주의 객관적이고 체계적인 의미론적 규명이 되지 못한다. 예를 들어, 비지시적 의문사구도 심각히 DP로 간주되고 있다.

따라서, 기능범주의 정당성은 통사적 논증이 긴요하다. 예를

---

[18] v는 비실사적(非實詞的 non-substantive) 범주라고 불리운다. 음성적 그리고 의미적 증거가 전혀 없다는 점에서 다른 기능범주들과 구별된다. 그러나 모든 어휘를 어휘범주와 기능범주로 나눌 때 v는 기능범주에 속한다.

들어, D의 설정은 N의 D로의 인상(N-to-D Raising)[19], N의 핵이동(Head Movement)을 제한하는 D의 역할 등으로 정당화된다. I(또는 T)의 설정은 주어-인상(主語引上 Subject-Raising), V의 I로의 인상(V-to-I Raising), I의 C로의 인상(I-to-C Raising)[20] 등으로 정당화된다. C의 설정은 의문사구-이동(*Wh*-Movement), I의 C로의 인상(I-to-C Raising) 등으로 정당화된다. C로 설정되는 *for*는 자신의 보충어(補充語 Complement)의 핵(核 Head)으로서 *to*를 선택하는 선택자질(Selectional Feature)로 정당화된다. *v*의 설정은 목적어-인상(目的語引上 Object-Raising), 행위자(行爲者 Agent) 의미역(意味役 θ-role)의 형상적 규명(configurational characterization)[21] 등 소위 분할 동사구 가설(分割動詞句假說 Split VP Hypothesis)로 정당화된다.

Chomsky(1993)은 Pollock(1989)의 제안에 따라 기능범주 I를

---

[19] 2.1.1.에서 언급한 바와 같이 그리고 3.2.1.에서 논의하는 바와 같이 N의 D로의 인상(N-to-D Raising)은 연산체계 현상이 아니라는 주장이 있다. 이 주장이 옳다면 N의 D로의 인상은 기능범주 D 설정의 직접적 논증은 되지 못한다.

[20] 3.2.1.에서 논의하는 바와 같이 V의 I로의 인상(V-to-I Raising)과 I의 C로의 인상(I-to-C Raising)이 연산체계 현상이 아니라는 주장이 있다. 이 주장이 옳다면 이들 현상은 기능범주 I 또는 C의 설정에 직접적 논증이 되지 못한다.

[21] 분할 동사구 가설에 입각하여 *v*를 설정함으로써 (i)와 같이 행위자 의미역을 형상적으로 규명할 수 있다. 의미역의 형상적 규명에 대하여 좀 더 자세한 것은 양동휘(1995)를 참조할 것.

(i) VP를 보충어로 택하는 핵의 지정어는 행위자 의미역을 갖는다.

T와 AGR로 분할하였다. 그러나 Chomsky(1995)는 AGR을 제거함으로써 실질적으로 I로 복귀하였다. AGR 제거의 근거는 다음과 같다. 첫째, AGR은 음성형태에도 논리형태에도 아무런 영향을 미치지 않으므로 다음 (15)의 출력효과조건(出力效果條件 Output Effect Condition)을 위반한다.

(15) 어떤 구조의 음성형태에도 논리형태에도 아무런 효과를 나타내지 않는 요소는 그 구조의 배번집합에 포함될 수 없다.

다시 말하면, AGR처럼 음성자질도 의미자질도 없이 단지 다른 문법적 요소의 올바른 위치를 확보해 주는 역할만을 하는 기능범주는 정당화될 수 없다는 것이다. 이에 따라, 로만스어(Romance language) 분석에서 접어(接語 clitic)의 올바른 위치를 확보하기 위해서만 설정되는 기능범주들도 정당화될 수 없다.

둘째, AGR은 필수출력조건(Bare Output Condition)도 어긴다. 즉, AGR은 음성형태 해독조건에 의해서도 논리형태 해독조건에 의해서도 해독되지 않는다. 따라서, AGR은 필수출력조건으로도 정당화되지 않는다.

셋째, AGR이 하던 기능은 T(또는 I)와 v가 할 수 있다. 예를 들어, AGR의 지정어 자리에서의 φ-자질의 점검은 T(또는 I)와 v의 지정어 또는 외곽 지정어(outer SPEC) 자리에서 이루어질 수 있다. 실제로 Chomsky(1995)는 주어-인상은 T(또는 I)의 지정어 자리로 그리고 목적어-인상은 v의 외곽 지정어 자

리로 이루어진다고 본다. 그리고 AGR이 가지고 있던 φ-자질
도 T(또는 I)와 v가 갖고 있다고 할 수 있다.[22]

2.4.2. φ-자질에 내포되는 격

이와 같이 기능범주의 설정에 있어, 그 기능범주의 구체적
인 통사적 기능, 내포하는 자질 등이 고려된다. 또는 내포하
는 자질의 성격까지도 고려된다. 예를 들어, 종래에는 φ-자질
과 격자질(格資質 Case feature)은 별개의 자질로서 각각 AGR
과 T에 내포되거나 둘 다 T(또는 I)에 내포된다고 간주되었었
으나, 지금은 George and Kornfilt(1981)의 주장을 받아들여 격
은 별개의 자질이 아니라 φ-자질에 수반되는 특성이라고 본
다. 따라서, φ-자질을 내포하는 기능범주는 격의 특성도 내포
하고, φ-자질을 내포하지 않는 기능범주는 격의 특성도 내포
하지 않는다는 것이다. 이러한 주장은 다음 (16ㄱ, ㄴ)의 구문
상의 차이를 설명해 준다.

> (16) ㄱ. John$_i$ seems [$_{IP}$ t$_i$ to work hard]
>   ㄴ. John tries [$_{IP}$ PRO to work hard]

(16ㄱ)은 인상 구문(raising construction)이고 (16ㄴ)은 통제
구문(control construction)이다. 이러한 (16ㄱ, ㄴ)의 구문상의

---

[22] 혹은 AGR이 가지고 있던 φ-자질은 V 또는 A가 가지고 있다가
V 또는 A가 T(또는 I)로 이동하여 φ-자질 점검이 일어난다고 할
수도 있다.

차이는 종속절 I인 *to*가 내포하는 자질의 차이에 기인한다고 보면 된다. 즉, (16ㄱ)에서는 종속절 I인 *to*가 φ-자질을 내포 하지 않고 (16ㄴ)에서는 종속절 I인 *to*가 φ-자질을 내포한다 고 본다. 따라서 (16ㄱ)에서는 종속절 I인 *to*가 격을 점검하지 못하므로 *John*은 격을 점검받으러 인상되어야 하고, (16ㄴ)에 서는 종속절 I인 *to*가 PRO의 영격(零格 Null Case)을 점검해 주므로 인상이 일어나지 않는다.

Baker(1988)는 φ-자질의 일치(一致 Agreement)는 격여과(格 濾過 Case Filter) 만족의 효과가 있다고 하였다. 즉, φ-자질의 만족은 곧 격의 만족을 뜻한다는 것이다. 이러한 관찰도 격이 φ-자질에 수반된다는 가설을 지지한다. 이 가설은 또 다음 (17ㄱ, ㄴ)에서 보는 영어와 불어의 허사(虛辭 expletive)구문의 차이를 설명해 준다.

(17) ㄱ. There have arrived three men.

  ㄴ. Il est arrivé trois hommes.

  ㄷ. There have arrived three men$_i$ [without PRO$_i$ identifying themselves].

  ㄹ. *Il est arrivé trois hommes$_i$ [sans PRO$_i$ s'annoncer].

(17ㄱ)과 같은 영어 허사구문에서는 관련 명사구(associate NP) 가 I와 일치하고, (17ㄷ)에서 보듯이 통제자(統制者 Controller)가 되는 반면, (17ㄴ)과 같은 불어 허사구문에서는 관련 명사구 가 I와 일치하지도 않고, (17ㄹ)에서 보듯이 통제자가 되지도 못한다.

이러한 영어와 불어의 허사구문의 차이는 영어의 허사 *there*는 φ-자질이 없고 불어의 허사 *il*은 φ-자질이 있다고 가정함으로써 설명된다. 즉, (17ㄱ)의 경우 허사 *there*가 φ-자질이 없으므로 관련 명사구 *three men*의 φ-자질이 I의 φ-자질에 유인되어 점검됨으로써 관련 명사구 *three men*이 *have*와 일치하고 통제자도 되는 반면, (17ㄴ)의 경우 허사 *il*이 φ-자질이 있으므로 그 φ-자질이 I의 φ-자질에 유인되어 점검됨으로써 *il*이 *est*와 일치하고, 관련 명사구 *trois hommes*는 *est*와 일치도 못하고 통제자도 못 된다.

따라서 (17ㄴ)에서는 관련 명사구 *trois hommes*가 그 φ-자질이 허사 *il*에게로 직접 유인되어 격을 포함하는 φ-자질을 점검받는다고 보아야 한다. 위의 분석에서 영어의 허사 *there*는 φ-자질뿐만 아니라 격도 없고 불어의 허사 *il*은 φ-자질뿐만 아니라 격도 있다고 가정된다. 따라서, 격이 φ-자질에 수반된다는 가설이 지지된다.

격이 φ-자질에 수반된다는 가설은 양동휘(1996)에서 논의한 바와 같이 한국어의 격 현상의 설명에도 도움이 된다. 즉, 한국어에서 다음 (18)에서 보듯이 주격은 시제와 무관하다.

(18) [그들이 영희를 도와주기가] 시작되었다.

(18)에서 주어절은 시제가 없으므로 그 주어절 주어 "그들이"는 그 주격을 주어절 I의 φ-자질에 의해 점검된다고 보아야 한다. 과연, (18)의 주어절에는, 다음 (19ㄱ, ㄴ)에서 보듯이, φ-자질에 의해 점검된다고 보여지는 주격존대 어미와 주

격복수 어미가 올 수 있다.

(19) ㄱ. [선생님이 영희를 도와주시기가] 시작되었다.
　　　 ㄴ. [그들이 영희를 도와들주기가] 시작되었다.

다시 말하면, 한국어에서 주격존대 어미와 주격복수 어미가 φ-자질에 의해 점검된다고 볼 때, 격이 φ-자질에 수반된다는 가설은 시제 어미가 올 수 없는 (18)과 (19ㄱ, ㄴ)의 주어절에 주격이 허용되며 또 주격존대 어미와 주격복수 어미가 허용되는 현상을 설명해 준다.

따라서 (18)의 주어절과 같은 경우에 Chomsky(1993)에 따라 T는 설정하지 않고 AGRs만을 설정할 수 있다. 그러나 Chomsky(1995)에 입각하여 (18)의 주어절의 경우 시제자질 (tense feature)은 없고 φ-자질만 있는 I를 설정할 수 있다. 즉, (18)에서 주어절의 I는 φ-자질만 있고 주절의 I는 시제자질도 φ-자질도 있다고 할 수 있다.

2.4.3. 형태론적 풍부성

소위 형태론적으로 풍부한 (morphologically rich) 기능범주는 형태론적으로 빈약한 기능범주보다 그 기능이 더 강하다고 간주되어 왔다. 예를 들어, 형태론적으로 발달되어 있는 이태리어의 I는 그 지정어 자리에 공범주 대명사 *pro*를 허용하지만, 형태론적으로 발달되지 못한 영어의 I는 그 지정어 자리에 공범주 대명사 *pro*를 허용하지 못한다고 간주되어 왔다.

한편, 최소이론에서는 기능범주의 통사론적 풍부성을 심각히 고려한다. 예를 들어, V의 I로의 인상(V-to-I Raising)에 의하여 V가 I에 부가되었을 때, 그 I는 통사적으로 풍부해(syntactically rich)졌다고 본다.

통사적으로 '풍부해진 I(rich I)'는 추가적 지정어(extra SPEC)를 허용할 수 있다고 본다. 즉, 모든 보통의 I는 반드시 하나의 지정어를 택하는데,[23] 문자화 이전에 V가 인상되어 I가 풍부해지면, 추가적 지정어가 허용되어 다중 지정어 구문(多重指定語構文 multiple SPEC construction)이 될 수 있다는 것이다. 따라서, 문자화 이전에 V의 I로의 인상이 일어나지 않는 영어에서는 I가 풍부해지지 않으므로 다중 지정어 구문이 허용되지 않는다.

그런데, 문자화 이전에 V의 I로의 인상이 일어나 I가 풍부해지는 불어에서도 다중 지정어 구문이 허용되지 않는다. 따라서, '풍부해진 I'가 반드시 다중 지정어 구문을 유도하는 것은 아니다. 그러나 다중 지정어 구문을 갖는 언어는 반드시 I가 문자화 이전에 V의 I로의 인상을 통해 풍부해져야 한다.

다중 지정어 구문에도 여러 가지 유형이 있다. 아이스랜드어(Icelandic)의 I는 풍부해졌을 때, 추가적 지정어를 단 하나만 허용하므로 소위 이중(二重 double) 지정어 구문을 허용한다. 따라서, 아이스랜드어의 I는 [+단일 추가 지정어]([+one

---

[23] 이 현상을 종래에는 확대투사원리(擴大投射原理 Extended Projection Principle, EPP)라고 불러 왔다. 확대투사원리는 모든 언어에 적용되는 것으로 확인되고 있다.

extra SPEC])라는 매개변인적(媒介變因的 parametric) 어휘 자질을 갖는다. 한국어의 I는 풍부해졌을 때, 추가적 지정어를 자유롭게 여럿 허용하므로 소위 자유(自由 free) 지정어 구문을 허용한다. 따라서, 한국어의 I는 [+자유 추가 지정어]([+free extra SPEC])라는 매개변인적 어휘 자질을 갖는다.[24] 모호크어 (Mohawk)의 I는 풍부해졌을 때, 추가적 지정어를 최대한으로 허용하므로 소위 최대(最大 maximal) 지정어 구문을 허용한다. 즉, 모호크어에서는 VP 안의 모든 논항이 문자화 이전에 I의 지정어 자리로 유인된다. 따라서, 모호크어의 I는 [+최대 추가 지정어]([+maximal extra SPEC])라는 매개변인적 어휘 자질을 갖는다.

2.4.4. Holmberg 일반화

'풍부해진 I'는 등거리(等距離 equi-distant)에 있는 두 개의 이동자 중에서 멀리 있는 이동자를 유인할 수 있다. 다음 (20)의 아이스랜드어 구조에서 보듯이, 풍부해진 I, 즉 V+I는 가까이 있는 목적어(OB)보다는 멀리 있는 주어(SU)를 자신의 지정어 자리 α 로 유인함으로써 주격점검을 할 수 있다.

(20) $[_{IP}\ \alpha\ V_i{+}I\ [_{vP}\ OB_j\ [_{vP}\ SU\ v\ [_{VP}\ t_i\ t_j]]]]$

---

[24] 결국, 한국어에도 문자화 이전에 V의 I로의 인상이 일어난다는 결론에 이른다.

(20)에서 보듯이 아이스랜드어에서는 목적어-인상(OB-Raising)이 문자화 이전에 일어난다. 따라서, 주어가 주격점검을 위해 주어-인상(SU-Raising)될 때 목적어가 방해가 될 수 있다. 물론, (20)에서 주어(SU)와 목적어(OB)는 각각 v의 내곽 지정어(inner SPEC)와 외곽 지정어(outer SPEC) 자리에 있으므로 I의 지정어 자리로부터 등거리에 있기는 하다. 그러나 '풍부해진 I'만이 등거리에 있는 목적어와 주어 중에서 멀리 있는 주어를 자신의 지정어 자리로 유인할 수 있다고 가정함으로써,[25] 문자화 이전에 동사-인상(V-Raising)으로 I가 풍부해지는 언어에서만 문자화 이전에 목적어-인상이 일어날 수 있음을 설명할 수 있다. 이러한 설명은 다음 (21)과 같은 소위 Holmberg 일반화(Holmberg's Generalization)의 문제점을 극복할 수 있다.

(21) 동사-인상이 일어나야만 목적어-인상이 일어날 수 있다.
     (Object Shift is possible only if the (main) verb raises
     out of the VP.)

(21)의 Holmberg 일반화는 소위 엄밀 순환성(嚴密循環性 Strict Cyclicity)을 어긴다. 즉, (20)과 같은 구조에서 동사-인상이 먼저 일어나면, 엄밀 순환성 원리 때문에 목적어-인상이 일어날 수 없다. 따라서, (21)은 원칙적으로 불가능한 도출을 가정하는 모순이 있다. 그러나 '풍부해진 I'의 개념을 도입함

---

[25] 결국, '풍부해진 I'는 위로는 다중 지정어 구문(multiple SPEC construction)을 허락하고, 아래로는 등거리에 있는 vP의 두 지정어 중에서 멀리 있는 것을 유인할 수 있다.

으로써 (21)의 모순성을 극복하면서 Holmberg 일반화의 기본 정신을 포착할 수 있다. 즉, '풍부해진 I'는 등거리에 있는 두 개의 이동자 중에서 멀리 있는 이동자를 유인할 수 있다고 가정함으로써, (20)과 같은 구조에서 엄밀 순환성 원리에 따라 목적어-인상이 먼저 일어나고 그 다음에 동사-인상이 일어난다고 간주할 수 있다.

2.4.5. 중유인 조건

(20)의 구조에서 '풍부해진 I,' 즉 V+I가 가장 가까이 있는 목적어(OB)를 자신의 지정어 자리로 문자화 이전에 유인할 능력이 물론 있다. 그러나 목적어가 V+I에 의해 유인되는 것은 문법의 일반적 원리에 의해 저지된다. 첫째, 목적어가 V+I에 의해 유인되는 것은 (22)와 같은 소위 중유인 조건(重誘引條件 Heaviness Condition)을 어긴다.

(22) 유인자의 형식자질을 제일 많이 점검해 줄 수 있는 이동자의 형식자질들이 유인된다.

다시 말하면, (20)에서 주어(SU)와 목적어(OB)는 V+I에 대하여 등거리에 있으므로 둘 다 V+I에게 유인될 가능성이 있다. 그런데, 목적어는 v의 외곽 지정어 자리에서 이미 대격을 점검받았으므로 격 자질이 없다. 따라서, (22)의 조건에 따라 격 자질을 아직 점검받지 못하고 그대로 가지고 있는 주어가 V+I에 유인되어야 한다.

2.4.6. 자질-불일치 조건

둘째, 목적어가 V+I에 의해 유인되는 것은 (23)과 같은 소위 자질-불일치 조건(資質不一致條件 Feature-Mismatch Condition)에 걸린다.

> (23) 유인자의 형식자질 α 와 이동자의 형식자질 β 가 점검될 때, 그 두 형식자질의 내용이 완전 일치하지 않으면, 그 도출은 취소(取消 Cancel)된다.

다시 말하면, (20)에서 만일 목적어가 V+I에 유인된다면 목적어의 φ-자질과 V+I의 φ-자질 사이에 점검이 이루어지는데, 전자의 φ-자질은 이미 대격점검을 통해 격을 잃었으나 후자의 φ-자질은 아직 격을 내포하고 있으므로, (23)의 자질-불일치 조건에 걸린다.

Holmberg 일반화는 2.3.3.에서 논의한 예상적용의 비국부성("look-ahead" global complexity)을 내포하는 조건이다. 왜냐하면, 동사-인상이 목적어-인상을 예상해서 적용됨을 규명하기 때문이다. 그러나 '풍부해진 I'의 개념에 입각한 분석에서는 예상적용의 비국부성이 개입되지 않는다. 즉, 목적어-인상은 v의 자질을 만족시키기 위해 적용되고 동사-인상은 I의 자질을 만족시키기 위해 적용될 뿐, 이들 사이에 예상적용과 같은 의존성은 없다.

반투어(Bantu)에서는 (20)과 같은 구조에서 주어(SU)대신 목적어(OB)가 문자화 이전에 I의 지정어 자리(= α)로 인상된다고 본다. 이러한 반투어 구조를 전도구문(顚倒構文 Inverse Construction)이라고 한다. 반투어의 전도구문의 도출을 위해 다음과 같은 두 가지 가정이 필요하다. 즉, 첫째, 반투어에서는 문자화 이전에 동사-인상이 일어나지 않아 I가 풍부해지지 않는다. 둘째, 반투어에서는 φ-자질에 격이 내포되지 않아[26] 격이 없는 목적어의 형식자질들이 I에 유인될지라도 자질-불일치(Feature-Mismatch)가 일어나지 않는다. I가 풍부해지지 않으면, (20)과 같은 구조에서 목적어 대신 주어가 I에게 유인될 가능성이 없으므로, 목적어-인상과 주어-인상을 비교하여 적용되는 중자질 조건(Heaviness Condition)은 적용되지 않는다.

이와 같이 반투어 전도구문의 도출에 있어 문자화 이전에 목적어가 I의 지정어 자리로 인상되어 I의 φ-자질 등이 점검되고, 논리형태에서 주어가 I에게 유인되어 I의 주격이 점검된다고 본다.

따라서, 반투어에서 목적어의 유인은 보수전략이 뒤따르고 주어의 유인은 그렇지 않다. 다시 말하면, 반투어에서는 목적어-인상으로 I의 확대투사원리(EPP)의 조건이 만족된다. 과연, 반투어에서는 목적어가 전형적인 주어의 역할을 한다. 따라서, I의 지정어 자리에서 I와 보수(補修 Repair) 관계에 있는 요소가 주어가 됨을 알 수 있다. 즉, I와 주격점검하는 요소가 반드시 주어가 되는 것은 아니다.

---

[26] 따라서, 반투어에서는 φ-자질로 구성되는 **PRO**가 영격(Null Case)을 갖지 못할 것이다.

2.4.7. 기능범주의 선택자질

각주 23에서 언급한 바와 같이, 확대투사원리(EPP)가 모든 언어에 적용됨이 밝혀지고 있다. 다시 말하면, 모든 언어에서 문자화 이전에 I의 지정어 자리가 채워져야 한다. 이 사실을 I에 [+지정어]([+SPEC])라는 선택자질(選擇資質 Selectional Feature)을 의무적(obligatory)으로 설정함으로써 포착할 수 있다. 이 자질이 I의 지정어 자리가 문자화 이전에 병합(Merge)으로 채워지거나 주어-인상이 문자화 이전에 의무적으로 일어나게 한다. 이와 똑 같은 방법으로, 아이스랜드어와 같은 언어에서 목적어-인상이 문자화 이전에 의무적으로 일어나는 것을 포착할 수 있다. 즉, 아이스랜드어와 같은 언어에서는 v에 [+추가 지정어]([+extra SPEC])라는 자질을 의무적으로 설정하면 된다.

목적어-인상이 V의 대격 자질에 기인한다기보다 v의 [+추가 지정어] 자질에 기인한다고 보는 한 가지 이유는 아이스랜드어와 같은 언어에서 소위 비정규격(非正規格 Quirky Case)의 명사구도 v의 지정어로 목적어-인상되기 때문이다

영어에서는 목적어-인상이 문자화 이전에 일어나지 않는 것으로 관찰되고 분석되어 왔다. 예를 들어, Chomsky(1993)은 영어에서 목적어-인상은 문자화 이전에 일어나지 않고 논리형태에서 일어난다고 보고, 영어의 V에는 약한 대격 자질(weak accusative Case feature)을 설정하였다.[27] 그러나 이러한 분석은

---

[27] V에 약한 대격 자질을 설정하는 대신에, Chomsky(1995)는 (24)와

다음 (24)와 같은 경우에 문제가 있다.

(24) [$_{CP}$ Who$_i$ did [$_{IP}$ John$_j$ I [$_{vP}$ t$'_i$ [$_{vP}$ t$_j$ v [$_{VP}$ see t$_i$]]]]]?

(24)의 도출에 있어, 목적어인 *who*는 C의 강한 [+*wh*]-자질 (strong [+*wh*]-feature)에 점검받기 위해 문자화 이전에 C의 지정어 자리로 이동해야 하고, V의 약한 대격 자질 또는 v의 약한 D-자질에 점검받기 위해 논리형태에서 v의 외곽 지정어 자리로 이동해야 한다. 이 현상에 대하여 세 가지 분석이 제안되어 있다.

첫째 분석은 *who*가 C의 지정어 자리로 문자화 이전에 이동할 때 v의 외곽 지정어 자리도 들러서 대격 자질도 점검받는다는 것이다. 이 분석은 약 자질(weak feature)이 문자화 이전에 점검되게 함으로써 지연원리(遲延原理 Principle of Procrastinate)를 위배한다.

둘째 분석은 문자화 이전에 *who*가 C의 지정어 자리로 이동하여 [+*wh*]-자질을 점검받고 그 *who*의 혼적이 논리형태에서 v 또는 V로 이동하여 대격 자질을 점검받는다는 것이다. 이 분석은 Chomsky(1995)가 제안한 (25)의 조건을 위배한다.

(25) 혼적은 유인에 관여할 수 없다.

(25)는 혼적이 유인자가 될 수도 없고 유인의 대상이 될 수

같은 구조와 함께 v에 약한 D-자질(D-feature)을 설정하였다.

도 없음을 규명한다.

셋째 분석은 *who*가 문자화 이전에 *v*의 외곽 지정어 자리에 들러서 C의 지정어 자리로 이동하는 것을 하나의 작동 (operation), 즉 하나의 연쇄-형성(連鎖形成 Form-Chain)으로 간주한다는 것이다. 다시 말하면, *who*의 이러한 하나의 작동이 *wh*-자질 점검과 대격 자질 점검을 동시에 수행한다는 것이다. 따라서, 그 *Wh*-이동 중에서 목적어-인상 부분만 떼내어 말할 수 없다는 것이다. 즉, (24)의 경우 *who*의 대격 점검은 *who*의 [+*wh*]-자질 점검 과정에서 자동적으로 특수하게 이루어진다는 것이다. 그러나 최근 최소이론에서는 연쇄-형성의 개념이 정당화되지 않는다.[28]

한편, 영어에서 목적어가 의문사가 아닌 경우에는 다음 (26)에서 보듯이 문자화 이전에 목적어가 *v*의 외곽 지정어 자리로 이동된다고 볼 수 없다.

(26) [$_{IP}$ John$_i$ I [$_{vP}$ t$_i$ *v* [$_{VP}$ saw Mary]]]

따라서, (26)에서 보듯이 문자화 이전에는 주어 *John*만 I에게 유인되고 목적어 *Mary*는 논리형태에서 V 또는 *v*에게 유인된다고 본다.

---

[28] 연쇄-형성의 개념에 대하여서는 Chomsky(1993)와 양동휘(1995)를 참조할 것.

2.4.8. 수의적 선택자질

결론적으로, 영어에서 문자화 이전에 목적어-인상은 원칙적으로 불가능하지만, 그 목적어가 *Wh*-인상되는 과정에서 문자화 이전에 목적어-인상이 저절로 이루어질 때는 이를 허용해야 할 듯하다. 따라서, 최근에는 앞서 아이스랜드어에서 *v*에 의무적으로 설정했던 [+추가 지정어]([+extra SPEC]) 자질을 영어에서도 *v*에 수의적(隨意的 optional)으로 설정하기로 한다. 따라서, (24)의 경우는 *v*에 [+추가 지정어] 자질이 주어진 경우이고, (26)의 경우는 *v*에 [+추가 지정어] 자질이 주어지지 않은 경우라고 할 수 있다. 이와 같이 영어에서 *v*에 [+추가 지정어] 자질이 주어지고 주어지지 않음은 명사에 [+복수] 자질이 주어지고 주어지지 않음처럼 어휘항목의 자연스런 선택적 속성으로 볼 수 있다.

이와 같이 영어에도 *v*에 [+추가 지정어] 자질을 수의적으로 설정함으로써 (24)에서의 목적어-인상 문제도 해결된다. 즉, (24)에서 *v*가 [+추가 지정어] 자질이 있으므로 문자화 이전에 목적어-인상으로 대격 점검이 이루어지고, 그 다음 *Wh*-인상이 이루어진다. 그러나 만일 (26)의 경우에 *v*에 [+추가 지정어] 자질이 우연히도 주어진다면 문제가 발생하지 않을까? 그렇지 않다. (26)에서 *v*에 [+추가 지정어] 자질이 주어졌다면 그 도출은 파탄(Crash)한다. 즉, (26)에서 *v*에 [+추가 지정어] 자질이 있다면, 문자화 이전에 목적어-인상이 강행되어 (27)과 같은 구조가 도출될 것이다.

(27) [$_{IP}$ John$_i$ I [$_{vP}$ Mary$_j$ [$_{vP}$ t$_i$ *v* [$_{VP}$ saw t$_j$]]]]

(27)의 도출에서 엄밀 순환성(Strict Cyclicity) 조건 때문에 목적어-인상이 주어-인상보다 먼저 일어나야 한다. 따라서, 주어-인상은 *Mary* 때문에 최소연결조건(最小連結條件 Minimal Link Condition, MLC)을 위배하므로 불가능해 진다. 즉, (27)의 도출은 I의 [+지정어] 자질이 충족될 수 없으므로 파탄한다.

만일 (24)의 경우에 *v*에 [+추가 지정어] 자질이 우연히도 주어지지 않았다면 어떻게 될까? 그 도출도 역시 파탄한다. (24)에서 *v*에 [+추가 지정어] 자질이 없다면 문자화 이전에 *who*가 *Wh*-인상된 뒤에 그 대격이 점검될 수 없어 파탄한다. 왜냐하면, (25)의 조건에 따라 혼적은 유인될 수 없기 때문이다.

(24)에서 *v*에 [+추가 지정어] 자질이 주어진 경우에도 문제가 없지 않다. 즉, (24)의 도출에서 엄밀 순환성 조건 때문에, 목적어 *who*가 목적어-인상된 뒤에 다시 *Wh*-인상되기 직전에 주어 *John*이 주어-인상되어야 하는데,[29] 이 주어-인상이 목적어 *who* 때문에 최소연결조건을 위배한다. 이 문제를 해결하기 위하여, 엄밀 순환성 조건을 논리형태에서 적용되는 소위 연쇄해독조건(連鎖解讀條件 Legibility Condition on Chain)에 통합하기로 하였다. 과연 (24)의 경우 논리형태에서는 엄밀 순환성 조건이 위배되지 않는다. 왜냐하면, (24)의 논리형태에서 *v*의

---

[29] (24)에서 I의 지정어 자리로 *who*가 인상되지 않고 *John*이 인상되는 것은 (22)의 중자질 조건을 만족시킨다. 왜냐하면, 목적어-인상된 *who*는 격이 제거되었기 때문이다.

외곽 지정어에는 *who*의 흔적만이 남아 있기 때문이다. 그러나 (27)의 경우에는 논리형태에서도 *v*의 외곽 지정어에 *Mary*가 남아 있으므로 역시 엄밀 순환성 조건을 위배한다.

결국, 영어에서는 *v*의 수의적 선택자질(optional Selectional Feature)로서 [+추가 지정어] 자질을 설정해 두기만 하면, 문법-자율적으로 (24)와 (26)의 경우 문법적 도출이 저절로 이루어진다. 실제로, 아이스랜드어에서처럼 *v*에 의무적 자질(obligatory feature)로서 [+추가 지정어] 자질이 설정되는 언어를 제외하고, 기타 모든 언어에서 *v*의 선택적 자질로서 [+추가 지정어] 자질이 설정된다고 주장되고 있다. 즉, *v*에 대한 [+추가 지정어] 자질은 N에 대한 [+복수] 자질처럼 언어-보편적 수의적 어휘자질(language-universal optional lexical feature)이라고 할 수 있다. 그런데, 영어의 명사 *scissors*가 예외적으로 [+복수] 자질이 의무적으로 주어지듯, 아이스랜드어의 *v*는 예외적으로 [+추가 지정어] 자질이 의무적으로 주어지는 경우라고 하겠다.[30]

한편, *v*에 [+추가 지정어] 자질이 수의적 자질로서 선택되는 경우는, (24)의 영어의 경우에서 보듯이, 항상 목적어가 목적어-인상된 뒤에 계속 더 (문자화 이전에) 이동하는 경우이다. 목적어-인상이 문자화 이전에 의무적으로 일어나지는 않지만, 목적어가 문자화 이전에 *Wh*-인상 또는 다른 인상을 통해서 저절로 목적어-인상되는 효과가 생길 때, 그 부수적 목

---

[30] 아이스랜드어처럼 문자화 이전에 목적어-인상이 의무적으로 일어나는 언어, 즉 *v*에 [+추가 지정어] 자질이 의무적으로 주어지는 언어를 '목적어-인상 언어(OB-Raising language)'라고 부른다.

적어-인상을 합법화해 주기 위해 v에게 [+추가 지정어] 자질
이라는 수의적 자질이 선택된다고 하겠다.

　따라서, 앞서 논의한 반투어(Bantu)도 목적어-인상 언어는
아니다. 왜냐하면, 반투어에서도 문자화 이전에 목적어가 I의
지정어까지 인상되는 과정에서 부수적으로 문자화 이전에 목
적어-인상이 이루어지는 것으로 볼 수 있기 때문이다. 불어
도 목적어-인상 언어가 아니다. 왜냐하면, 불어에서도 다음
(28ㄱ)에서 보는 바와 같이 문자화 이전에 목적어가 *Wh*-인상
되는 과정에서 부수적으로 문자화 이전에 목적어-인상이 이루
어지는 것으로 볼 수 있기 때문이다.

(28)　ㄱ. [$_{CP}$ Combien de tables$_i$ [$_{IP}$ Paul$_j$ a [$_{vP}$ t$_i$ [$_{vP}$ t$_j$ v [$_{VP}$
　　　　repeintes t$_i$]]]]]?
　　　　'How many tables has Paul repainted?'

　　　ㄴ. Paul a repeint les tables.
　　　　'Paul has repainted the tables.'

　(28ㄱ)에서는 v에 [+추가 지정어] 자질이 선택되어 목적어-인
상이 일어나므로 동사(*repeintes*)에 일치접사(一致接辭 agreement
affix) *-es*가 나타날 수 있지만, (28ㄴ)에서는 v에 [+추가 지정
어] 자질이 선택되지 않아 문자화 이전에 목적어-인상이 일어
나지 않으므로 동사(*repeint*)에 일치접사 *-es*가 나타날 수 없
다.

　결국, 영어, 불어, 반투어, 등은 문자화 이전에 목적어가 v

의 지정어를 지나서 이동될 때만 *v*에 [+추가 지정어] 자질이 선택되어 목적어-인상이 허용된다. 한국어의 경우는 *v*도 I처럼 추가 지정어를 여럿 허용하므로 *v*도 I처럼 [+자유 추가 지정어]([+free extra SPEC])라는 매개변인적 어휘자질이 주어질 수 있다. 따라서, 한국어에서도 최소한 다중 목적어 구문 (multiple object construction)의 경우 목적어-인상이 허용된다고 보겠다.

2.5. 점검이론

2.5.1. 유인자 핵에 국한된 자질점검

유인은 자질점검을 위한 것이다. 따라서 연산체계의 궁극적 핵심 운용은 자질점검이라고 할 수 있다. Chomsky(1993)은 자질점검이 일어날 수 있는 소위 점검영역(點檢領域 Checking Domain)들을 설정하고 있다. 그러나 최근에는 점검영역의 설정이 불필요하게 되었다. 왜냐하면, 자질점검은 유인된 자질이 유인자 핵(誘引者核 attractor head)에 부가(附加 Adjunction)됨으로써만 이루어진다고 보기 때문이다. 즉, 자질은 대입(代入 Substitution)될 수 없고 부가되어야 하며, 또한 자질이 최대투사범주에 부가된다고 볼 수 없으므로, 결국 자질은 핵에만 부가된다고 본다. 이와 같이, 유인된 자질이 유인자 핵에 부가되어서만 자질점검이 이루어진다는 것은 최소주의 정신에 입각한 최소 운용(minimal operation)의 자연스런 귀결이다.

이러한 최소 운용의 자질점검은 다음과 같은 이점이 있다. 첫째, 종래 핵 이동(核移動 Head Movement)에 의한 자질점검은 다음 (29)의 확대조건(擴大條件 Extension Condition)을 필연적으로 위배할 수밖에 없었으나, 새로운 최소 운용의 자질점검에서는 그러한 문제가 근원적으로 해소된다.[31]

(29) 병합과 이동은 K를 K*로 확대하여, K가 K*에 완전 내포되도록 해야 한다. (Merge and Move extend K to K*, which includes K as a proper part.)

종래 핵 이동이 확대조건을 필연적으로 위배하는 이유는 핵 이동의 착지점(着地點 Landing Site)이 되는 핵은 구조적으로 독립된 요소일 수 없고 반드시 어떤 투사범주(projection)의 핵일 것이기 때문이다. 그러나 새로운 최소 운용의 자질점검에서는 유인은 확대조건과 무관하고 보수전략도 반드시 확대조건을 준수해야 한다고 볼 수 없다.

둘째, 새로운 최소 운용의 자질점검에서는, 앞서 2.2.2.에서 논의한 바와 같이, 엄밀 순환성(Strict Cyclicity) 조건이 자동적으로 포착된다. 왜냐하면, 최소이론의 도출적 문법론에서 문자화 이전의 유인에 있어 그 표적은 항상 그 구조의 정점(top node)이기 때문이다.

---

[31] 확대조건에 대하여 좀 더 자세한 것은 Chomsky(1993) 또는 양동휘(1995)를 참조할 것.

셋째, 새로운 최소 운용의 자질점검에서는, 앞서 2.1.1.에서 논의한 바와 같이, 항상 유인자인 표적이 투사됨이 자동적으로 결정된다. 왜냐하면, 자질은 투사하지 못하기 때문이다. 즉, 유인자 핵에 유인된 자질이 부가될 때 전자가 투사될 수밖에 없다.

넷째, 자질점검을 유인된 자질의 유인자 핵에 대한 부가로 국한시킴으로써, 기능범주(즉, 유인자 핵) 중심의 연산체계 운용이라는 최소주의 가설에 결정적으로 공헌한다.

2.5.2. 형식자질과 의미/음성자질

연산체계의 핵심 운용인 유인을 통한 자질점검은 형식자질 (Formal Feature, F-feature)의 점검이다. 그런데 어떤 형식자질은 의미자질(Semantic Feature, S-feature)이기도 하다. 예를 들어, N의 형식자질인 N-자질과 φ-자질은 의미해석(semantic interpretation)에도 기여하므로 의미자질도 된다. 따라서, 이들 자질을 의미해석도 받는 형식자질로 볼 것인지, 아니면 연산체계 자질점검에도 참여하는 의미자질로 볼 것인지 하는 문제가 대두된다. 이 문제는 문법이론상의 문제가 된다. 이 문제의 해결은 보편의미론(普遍意味論 universal semantics)에 입각해서가 아니라 연산체계내의 작용(interactions within C_HL)에 입각하여 이루어질 것이다.

형식자질과 음성자질(Phonetic Feature, P-feature) 사이에도 연관성이 있을 수 있다. 예를 들어, *give*와 *donate*의 음운적 특성상의 차이는 [±라틴어] ([±Latinate])라는 음운자질(또는 음성자질)의 차이로 규명되는데 (*give*는 [-라틴어]이고 *donate*는 [+라틴어]임), *give*와 *donate*의 형식자질상의 차이도 이 음운자질과 연관된다. 이 연관성을 어떻게 포착하느냐도 문법이론상의 문제가 된다. 이 문제의 해결은 연산체계와 음성형태 부문과의 연계성 속에서 찾게 된다.

2.5.3. 도출의 취소

앞서 2.2.에서 논의한 바와 같이, 유인은 자질점검을 위해서이고, 자질점검은 비해석성 자질의 제거를 위해서이고, 비해석성 자질의 제거는 앞서 1.3.1.에서 논의한 바와 같이 접합점(interface) 조건인 필수출력조건(Bare Output Condition)을 만족시키기 위해서이다. 결국, 자질점검은 필수출력조건에 해독(解讀 legible)되지 않는 비해석성 자질을 제거하는 수단인 셈이다. 따라서, 자질점검으로 제거되지 않고 남아 있는 비해석성 자질은 접합점에서 필수출력조건에 해독되지 않아 그 도출은 파탄(Crash)하게 된다. 이것은 비해석성 자질이 자질점검의 기회가 주어지지 않은 경우이다.

비해석성 자질이 자질점검의 기회가 주어졌으나 자질점검이 이루어지지 않는 경우도 있다. 이런 경우는 앞서 논의했던 (23)의 자질-불일치 조건(Feature-Mismatch Condition)에 기인한다.

(23) 유인자의 형식자질 α 와 이동자의 형식자질 β 가 점검될 때, 그 두 형식자질의 내용이 완전 일치하지 않으면, 그 도출은 취소(取消 Cancel)된다.

도출의 파탄은 필수출력조건이 적용되는 접합점에서 결정되지만, 도출의 취소는 자질-불일치가 발생하는 순간에 결정된다.

다음에 자질-불일치의 예를 살펴 보자. 다음 (30)의 예문을 보자.

(30) ㄱ. It seems that [IP John$_i$ is certain [VP t$_i$ to fix the car]]

ㄴ. *John$_i$ seems that [IP it is certain [IP t$_i$ to fix the car]]

ㄷ. *It$_i$ seems that [IP t$_i$ is certain [IP John to fix the car]]

(30ㄱ)에서 주절 I의 형식자질(특히 φ-자질과 격)은 *it*의 형식자질과 점검되고 중간절 I의 형식자질은 *John*의 형식자질과 점검되어 정문(正文)이 도출된다. (30ㄴ)에서는 주절 I의 형식자질은 *John*의 형식자질과 점검되고 중간절 I의 형식자질은 *it*의 형식자질과 점검되어 합치(合致 Converge)되는 듯 하지만, 실은 *John*의 이동이 중간절 주어 *it*를 건너가므로 최소연결조건(最小連結條件 Minimal Link Condition, MLC)을 어기어 비문(非文)이 된다.[32]

(30ㄷ)에서는 중간절 I의 형식자질은 *it*의 형식자질에게 점검되지만, 주절 I의 φ-자질(격 제외)은 인상된 *it*에게 점검되어도 주절 I의 주격은 *it*에게 점검되지 않으므로 비문이 된다고 보아 왔다. 왜냐하면, (30ㄷ)에서 *it*의 주격 자질은 중간절

---

[32] (30ㄴ)과 같은 구문을 초인상(超引上 Superraising) 구문이라고 부른다.

I의 주격 자질을 점검해 주고 제거되므로 주절로 인상된 *it*가 주절 I의 주격을 다시 점검해 줄 수 없다고 보았기 때문이다. 그러나 이러한 Chomsky(1995)의 (30ㄷ)에 대한 분석은 다음과 같은 문제점이 있다. 즉, Chomsky(1995)의 이론에서는 논리형 태에서 *John*의 주격이 유인되어 주절 I의 주격을 점검해 주는 것을 막을 길이 없다는 것이다. 그렇게 되면, (30ㄷ)은 정문으로 잘못 판정된다.

이와 같이 (30ㄷ)이 정문으로 잘못 판정되는 것을 막기 위해서는, 논리형태에서 *John*의 주격이 주절 I로 유인되어 주절 I의 주격을 점검해 주는 것을 막아야 한다. 그러기 위해서는, (30ㄷ)의 도출에서 *it*가 주절 I로 유인·이동되어 자질점검될 때, (23)의 자질-불일치 조건에 걸려 그 도출이 그 즉시 취소 (Cancel)되도록 해야 한다. 그렇게 되면, 논리형태에서 *John*의 주격이 주절 I로 유인되는 것 자체가 있을 수 없는 일이 된 다.

앞서 2.4.2.에서 논의한 바와 같이 George and Kornfilt(1981) 의 주장을 받아들여 격은 별개의 자질이 아니라 φ-자질에 수 반되는 특성이라고 간주하면, (30ㄷ)의 도출을 (23)의 자질-불 일치 조건으로 막을 수 있다. 즉, (30ㄷ)의 도출에서 *it*가 주절 I로 유인·이동되어 자질점검될 때, *it*의 φ-자질과 주절 I의 φ-자질이 일치하지 않아 (23)의 자질-불일치 조건에 걸리게 된다. 왜냐하면, *it*의 φ-자질은 중간절 I의 φ-자질을 점검해 줄 때 주격을 잃었기 때문이다. 즉, φ-자질 자체는 해석성 자 질이므로 점검후 제거되지 않지만, 격은 비해석성 자질이므로 점검 후 제거된다.

이와 같이 (30ㄷ)의 도출을 (23)의 자질-불일치 조건으로 막기 위해서는 George and Kornfilt(1981)의 주장을 받아들일 뿐만 아니라 자질-불일치를 일으킬 *it*의 φ-자질이 주절 I로 유인되도록 해야 한다. 다시 말하면, *it*의 φ-자질은 주절 I로 유인 안되고 D-자질만 유인되면 안된다. 이를 위하여 2.4.에서 논의한 (22)의 중유인 조건을 (31)과 같이 확대해야 한다.

(31) 유인자의 형식자질에 해당되는 이동자의 형식자질이 단번에 될 수 있는 한 많이 유인되어야 한다.

(31)에 따라, (30ㄷ)의 도출에서 *it*가 주절 I로 유인·이동될 때, 주절 I의 D-자질, φ-자질, 등에 해당되는 *it*의 D-자질, φ-자질 등이 모두 주절 I로 유인되어야 한다. (31)은 또 (22)의 중자질 조건도 대신한다. 즉, (20)과 같은 경우 가까이 있는 목적어(OB)보다 멀리 있는 주어(SU)가 V+I에게 유인되게 한다.

결국, (30ㄷ)의 도출에서 *John*의 주격이 논리형태에서 주절 I로 유인되는 것을 막아주는 것은 George and Kornfilt(1981)의 주장에 입각하여, 격은 별개의 자질이 아니라 φ-자질에 수반되는 특성이라고 간주하는 형태론적 결정이다. 이 또한 예상 적용의 비국부성("look-ahead" global complexity) 현상에 대한 형태론적 국부적 연산(morphological local algorithm)의 예라고 할 수 있다.

(30ㄷ)은 (23)의 자질-불일치 조건 이외에 다른 문법적 원리도 위배한다. 예를 들어, (30ㄷ)에서 *it*의 흔적 t는 결속원리(結

束原理 Binding Principle) A도 위배한다.[33] 그러나 (30ㄷ)이
(23)을 위배한다는 사실이 중요하다. 왜냐하면, (23)은 도출의
취소를 규명하므로 (30ㄷ)와 같은 경우 완전 비문법성을 밝혀
주기 때문이다. (23)의 자질-불일치 조건에는 걸리지 않고 다
른 문법적 원리만을 위배하는 경우에는, (30ㄴ, ㄷ)과 비슷한
경우에도, (30ㄴ, ㄷ)과 같은 완전 비문법성은 초래되지 않는
다. 예를 들어, *Wh*-섬 조건(*Wh*-Island Condition)을 어기는 다
음 (32)는 (30ㄴ, ㄷ)의 초인상 구문(Superraising)과 같이 최소
연결조건을 어기지만 (30ㄴ, ㄷ)처럼 완전 비문은 아니다.

(32) ??What$_i$ did Mary wonder [$_{CP}$ why$_j$ [$_{IP}$ John fixed t$_i$ t$_j$]]?

(32)에서 의문사 *what*이 종속절 C의 지정어 자리에 있는 의
문사 *why*를 건너서 주절 C의 지정어 자리로 이동하였으므로
최소연결조건을 어긴다.

다음 (33ㄱ, ㄴ)의 경우도 (23)의 자질-불일치 조건에 의해
그 비문법성이 설명된다.

(33) ㄱ. *There seems that [$_{IP}$ a man$_i$ was [$_{PP}$ t$_i$ in the room]]
    ㄴ. *There$_i$ seem [$_{IP}$ t$_i$ to be [$_{PP}$ a man in the room]]

(33ㄱ)에서 종속절 I의 D-자질, φ-자질 (주격 포함), 등의

---

[33] Chomsky(1981)에 따르면, 명사구 흔적(NP-trace)은 대용사(anaphor)
로서 결속원리 A를 준수해야 한다.

형식자질은 *a man*의 형식자질에 의해 점검되지만, 주절 I는 그렇지 못하다. 왜냐하면, *there*는 D-자질 밖에 없으므로 주절 I의 D-자질만 점검해주고, 논리형태에서 *a man*의 φ-자질이 주절 I로 유인되지만, 주절 I의 φ-자질은 주격을 내포하고 있으나 논리형태에서 유인되는 *a man*의 φ-자질은 주격을 내포하지 않으므로[34] (23)의 자질-불일치 조건에 걸리기 때문이다.

(33ㄴ)에서는, 종속절 I(=*to*)의 D-자질은 *there*의 D-자질에 의해 점검되어 합치되지만, 주절 I는 그렇지 못하다. 왜냐하면, 주절 I로 유인·이동된 *there*는 D-자질 밖에 없으므로 주절 I의 D-자질만 점검해주고, 논리형태에서 *a man*의 φ-자질이 주절 I로 유인되지만, 주절 I의 φ-자질은 [+복수]([+plural])를 내포하고 있으나 논리형태에서 유인된 *a man*의 φ-자질은 [−복수]를 내포하므로 (23)의 자질-불일치 조건에 걸리기 때문이다.

2.5.4. 자질의 무임승차

(33ㄱ)에서는 종속절 I에 *a man*의 D-자질, φ-자질(주격 포함) 등이 유인되고, (33ㄴ)에서는 주절 I에 논리형태에서 *a man*의 φ-자질만이 유인된다. 즉, 후자의 경우에는 *a man*으로부터 하나의 형식자질이 유인되고, 전자의 경우에는 *a man*으로부터 둘 이상의 형식자질이 유인된다.

---

[34] (33ㄱ)에서 *a man*의 φ-자질(주격 포함)은 종속절 I의 φ-자질(주격 포함)을 점검해 주고 나서 비해석성 자질인 주격은 잃고 해석성 자질인 φ-자질 자체는 잃지 않는다.

이러한 두 가지 유인의 공통점을 명시적으로 포착하기 위하여, 유인은 원칙적으로 하나의 형식자질만 가능하고, 실제로 둘 이상의 형식자질이 유인된 것처럼 보이는 경우는 유인되는 하나의 형식자질에 다른 형식자질이 따라가는 경우라고 본다. 이와 같이, 유인되는 하나의 형식자질에 따라가는 다른 형식자질을 무임승차(無賃乘車 free ride) 형식자질이라고 부른다. 예를 들어, (33ㄱ)의 종속절 I의 경우, *a man*의 D-자질이 유인되고 φ-자질(주격 포함) 등의 다른 형식자질들이 무임승차되었거나 또는 *a man*의 φ-자질(주격 포함)이 유인되고 D-자질 등의 다른 형식자질들이 무임승차되었다고 본다.

Chomsky(1995)에서는 하나의 어휘항목에서 한 형식자질이 유인될 때 그 어휘항목의 다른 모든 형식자질이 무조건 무임승차되어 따라간다고 하였다. 그러나 최근에는 무임승차의 조건을 (34ㄱ, ㄴ)과 같이 설정하게 되었다.

(34) ㄱ. 무임승차는 가능한 한 줄여야 한다. (Do as little free-riding as possible.)

ㄴ. 무임승차는 필요한 만큼 많이 해야 한다. (Do as much free-riding as necessary.)

즉, 무임승차는 가능한 줄여야 하지만 필요한 만큼은 다 해야 한다는 것이다. (34ㄱ, ㄴ)도 최소이론의 경제성의 일환이다. (34ㄱ)을 경유인 조건(輕誘引條件 Lightness Condition)이라고 하고, (34ㄴ)을 중유인 조건(重誘引條件 Heaviness Condition)이라고 한다. (34ㄴ)의 중유인 조건은 앞서 논의한 바와 같이 (22)

또는 (31)과 같이 구체화된다.

2.5.5. 경유인 조건

그러면 경유인 조건이 적용되는 경우를 살펴 보자. 앞서 2.3.3.에서 논의했던 (10)의 예문을 다시 보자.

(10) I believe [$_{IP}$ him$_i$ to [$_{VP}$ be [$_{AP}$ t$_i$ honest]]]

(10)에서 *him*이 AP의 지정어 자리에서 종속절 IP의 지정어 자리로 문자화 이전에 이동하고 있다. 만일 이 이동에서 *him* 의 D-자질도 φ-자질(대격 포함)도 유인된다면, 그 유인은 경유 인 조건을 어긴다. 왜냐하면, *him*의 D-자질은 종속절 I(=*to*)에 게 점검되지만 φ-자질(대격 포함)은 점검되지 않기 때문이다. 즉, *him*의 φ-자질(대격 포함)은 종속절 I(=*to*)에 점검될 필요성 이 없음에도 불구하고 종속절 I(=*to*)에게 무임승차되기 때문이 다. 만일 *him*의 φ-자질(대격 포함)이 논리형태에서 주절 동사 *believe*에게 유인·점검될 것을 예상하여 문자화 이전에 종속절 I(=*to*)로 미리 유인·이동된다면, 그것은 2.3.3.에서 논의한 예상 적용의 비국부성을 야기시키며 지연원리를 위반한다.

따라서, (10)에서 *him*이 AP의 지정어 자리에서 종속절 IP의 지정어 자리로 문자화 이전에 이동할 때, 경유인 조건에 따라 *him*의 D-자질만 종속절 I(=*to*)에게 유인되고 *him*의 다른 자질 은 하나도 종속절 I(=*to*)에게 무임승차되지 않는다. 왜냐하면, 인상 부정사 구문(raising infinitival construction)의 I(=*to*)의 형식자질은 D-자질뿐이기 때문이다.

그렇다면, (10)에서 *him*의 φ-자질(대격 포함)은 어떻게 주절 동사 *believe*에게 유인·점검될까? *him*의 φ-자질(대격 포함)은 종속절 I(=*to*)에게 유인 또는 무임승차되지 않으므로, 논리형태에서 *him*의 흔적으로부터 주절 동사 *believe*에게 직접 유인·점검되어야 할까? 그럴 필요가 없다. 그 이유는, (10)에서 *him*의 φ-자질(대격 포함)이 종속절 I(=*to*)에게 유인 또는 무임승차되지 않지만, *him*의 D-자질이 종속절 I(=*to*)에게 유인되고 나서 *him*이 종속절 I(=*to*)의 지정어 자리로 보수전략(Repair Strategy)에 의해 병합될 때 *him*의 다른 모든 형식자질이 함께 딸려가기 때문이다. 따라서, *him*의 φ-자질(대격 포함)은 논리형태에서 종속절 I(=*to*)의 지정어 자리로부터 주절 동사 *believe*에게 유인·점검된다.

결국, 경유인 조건은 (10)과 같은 예외적 격표시 구문의 경우 예상적용의 비국부성에 대한 형태론적 국부적 연산을 마련해 준다. 즉, 경유인 조건이라는 형태론적 연산이 (10)과 같은 구문의 도출에서 *him*의 φ-자질(대격 포함)이 무임승차되어 예상적용의 비국부성을 야기시키는 것을 막아 준다. 이와 같은 또 다른 예로서, 다음 (35)의 인상구문을 보자.

(35) John$_i$ seems [$_{IP}$ t′$_i$ to [$_{VP}$ t$_i$ work hard]]

(35)에서도 종속절 I(=*to*)는 D-자질만 점검받을 필요가 있다. 따라서, 경유인 조건에 따라, *John*의 형식자질 중 D-자질만 종속절 I(=*to*)에게로 유인되고 *John*의 다른 어떤 형식자질도

무임승차되어서는 안된다. 그러나 *John*이 VP의 지정어 자리
에서 종속절 I(=*to*)의 지정어 자리로 보수전략에 의해 병합될
때, *John*의 다른 모든 형식자질들이 모두 함께 딸려간다. 따
라서, 종속절 I(=*to*)의 지정어 자리로부터 *John*의 형식자질이
주절 I에게로 유인되고 무임승차된다.

　따라서, 경유인 조건은 (35)와 같은 인상 구문의 경우에도
예상적용의 비국부성을 형태론적 국부적 연산으로 막아준다.
즉, 경유인 조건이라는 형태론적 연산이 (35)와 같은 구문의
도출에서 *John*의 φ-자질(대격 포함)이 종속절 I(=*to*)에게로 무임
승차되어 예상적용의 비국부성을 야기시키는 것을 막아 준다.

　다음 (36)과 같은 예외적 격표시 허사 구문(ECM expletive
construction)을 보자.

(36) John believes [IP there to be [VP a man in the room]]

　(36)에서 종속절 I(=*to*)의 유일한 형식자질인 D-자질은 *there*
의 D-자질에 의해 점검되고, 주절 I의 D-자질, φ-자질(주격
포함) 등의 형식자질들은 *John*의 형식자질들에 의해 점검된
다. 따라서, 종속절 I(=*to*)도 주절 I도 *a man*의 어떤 형식자질
도 유인하지 않는다. 결국, *a man*의 관련 명사구(associate NP)
로서의 N-자질은 *there*에게 직접 유인되어 점검되고,[35] *a man*
의 φ-자질(대격 포함)은 *believes*에게 직접 유인되어 점검된다.

---

[35] *there*와 그 관련 명사구(assoicate NP)의 연관성은 논리형태에서 N
　의 D로의 인상(N-to-D Raising)으로 포착된다고 본다. 즉, D인 *there*
　의 N-자질이 NP인 관련 명사구의 N-자질을 유인한다고 본다.

이와 같이, (36)에서 *a man*의 형식자질 중에서 *there*에게는 N-자질만이 유인되고, *believes*에게는 φ-자질(대격 포함)만이 유인되는 것은 경유인 조건 때문이다.

(36)에서 *a man*의 형식자질들이 따로 따로 논리형태 유인되는 데서 볼 수 있듯이, 특히 논리형태 유인은 경유인 조건이 다음과 같이 철저히 지켜진다고 본다. 첫째, 논리형태에서는 예상적용의 비국부성 현상은 전혀 없다고 본다. 즉, 문자화 이전에 가끔 볼 수 있는 예상적용의 비국부성 현상이 문자화 이후에는 전혀 없다고 본다. 예를 들어, 문자화 이전에 적용되는 보수전략(병합+보수)은 음성형태 합치(**PF Convergence**)를 위한 일종의 예상적용의 비국부성 현상이다.[36] 그런데 논리형태에는 이런 보수전략 현상이 전혀 없다. 따라서, 논리형태에는 경유인 조건이 철저히 준수된다고 보겠다.

둘째, 논리형태에서는 소위 순환적 이동(Cyclic Move) 현상이 없다고 본다. 즉, 논리형태 이동은 모두 단발성 이동(單發性移動 one-shot Move)이라고 본다. 따라서, 논리형태에는 소위 역융합(逆融合 Excorporation) 현상도 있을 수 없다고 본다. 역융합이란 하나의 핵 α가 다른 핵 β에 부가·융합되었다

---

[36] 이러한 문자화 이전의 예상적용의 비국부성 현상은 앞서 2.3.3.에서 논의한 바와 같이 형태론적 국부적 연산(形態論的局部的演算 morphological local algorithm)으로 그 예상적용의 비국부성이 해소된다고 본다. 즉, 인간 언어에는 예상적용의 비국부성 현상이 있는데, 동시에 그 예상적용의 비국부성을 극복하는 형태론적 연산도 마련되고 있다고 본다. 이 점에 대하여 3.1.1.에서 좀 더 자세히 논의할 것이다.

가 β를 남겨두고 α만 또다시 또 다른 핵 γ로 이동해 가는 경우이다. 이러한 논리형태 이동의 특성은 논리형태에서 경유인 조건이 철저히 준수됨을 시사한다. 한편, 역융합 현상은 최소이론에서 논리형태에서뿐만 아니라 문자화 이전에도 허용되지 않는다. 왜냐하면, 두 개의 핵이 융합되면 하나의 핵이 되고, 하나의 핵의 일부분이 보수전략으로 이동될 수 없기 때문이다.

셋째, 논리형태에는 유인만 있고 보수전략은 전혀 없으므로 논리형태에서 형식자질이 보수전략에 의해 이동될 가능성은 전혀 없다.[37] 또 한편, 논리형태에서 형식자질이 무임승차되는 경우도 거의 없다고 본다. 따라서, 논리형태에서는 경유인 조건이 최대한으로 준수된다고 보겠다.

2.6. 논리형태의 최적성

최소이론에서 논리형태도 당연히 최소화되어야 한다. 왜냐하면, 논리형태의 최소화는 개념-의도 체계(C-I System)의 최소화를 의미하고, 개념-의도 체계의 최소화는 최소이론의 정당화의 부담을 그만큼 덜어주기 때문이다. 한편, 논리형태의 최소화는 그것이 연산체계의 문법적 설명력에 공헌하는 정도

---

[37] 앞서 논의한 바와 같이, 문자화 이전에는 특히 순환적 이동(cyclic Move)의 경우, 유인 또는 무임승차되지 못한 형식자질들이 (다른 모든 자질들과 함께) 보수전략을 통해 이동된다.

로 정당화된다. 따라서, 논리형태의 최소화는 논리형태의 최적성에 결정적으로 기여한다.

2.6.1. 논리형태 I 구조

영어에서 논리형태의 최소화의 예를 살펴 보자. 영어의 논리형태에서 자동사 V가 v에 인상·부가되고 다시 I에 인상·부가된 형태는 (37)과 같다.

(37)

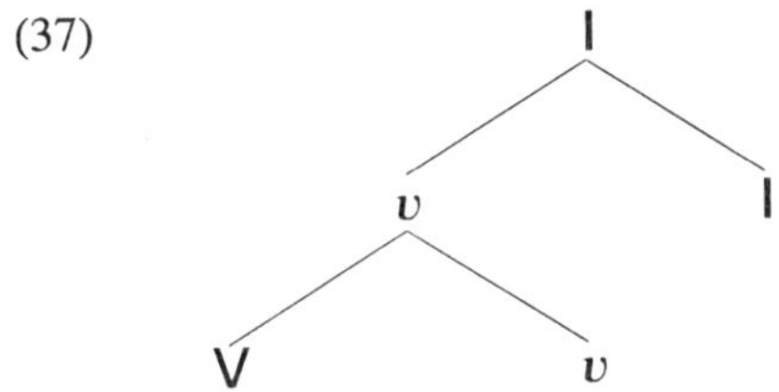

그런데, 타동사의 경우에는 논리형태의 I 구조를 (38ㄱ, ㄴ)의 두 가지로 생각해 볼 수 있다.

(38) ㄱ.

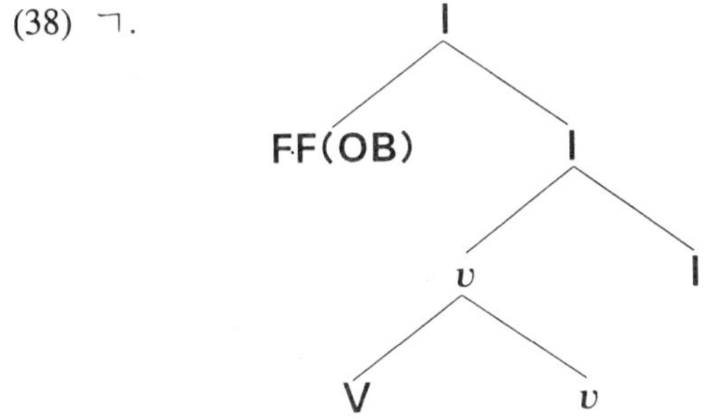

ㄴ.

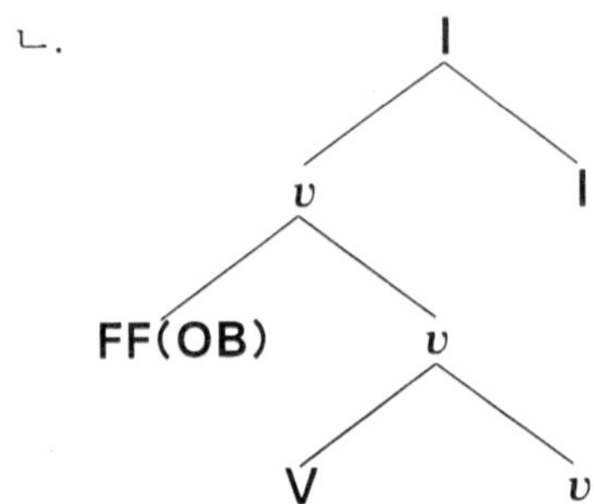

　　(38ㄱ)의 I 구조는 (37)의 I 구조에 목적어의 형식자질 (FF(OB))이 인상·부가되어 V에게 점검된 경우이고, (38ㄴ)의 I 구조는 목적어의 형식자질(FF(OB))이 [ᵥ V ʋ]에 인상·부가되어 V에게 점검되고 [ᵥ FF(OB) [ᵥ V ʋ]] 전체가 I에 인상·부가된 경우이다. (38ㄱ)의 I 구조에서도 (38ㄴ)의 I 구조에서도 목적어 형식자질이 V에게 점검된다.

　　그러나 영어의 타동사 구문을 위해 두 가지 I 구조 (38ㄱ, ㄴ)을 모두 허용하는 것은 잉여적이고, 따라서 비경제적이다. 이 두 가지 I 구조 (38ㄱ, ㄴ) 중에서 하나를 택한다면, (38ㄱ)을 택해야 한다. 왜냐하면, 자동사 구문을 위해 (37)의 I 구조는 어차피 허용해야 하는데, (38ㄱ)은 (37)을 내포하지만 (38ㄴ)은 (37)을 내포하지 않기 때문이다. 즉, 개념-의도 체계에 (37)을 해독하는 능력만 설정하면 (38ㄱ)도 쉽게 해독될 수 있을 것이기 때문이다.

　　(38ㄱ)을 영어의 타동사 구문의 논리형태 I 구조로 설정하면, 다음과 같은 이점이 있다. 즉, 앞서 논의한 (21)의 Holmberg 일반화, 나아가 (39)의 조건이 자동적으로 포착된다.

(21) 동사-인상이 일어나야만 목적어-인상이 일어날 수 있다.
     (Object Shift is possible only if the (main) verb raises
     out of the VP.)

(39) 핵이 그 핵의 논항(들)보다 먼저 인상되어야 한다. (The
     head must raise before its arguments raise.)

다시 말하면, 동사 [$_v$ V v]가 I에 먼저 부가된 뒤에 그 목적
어의 형식자질(FF(OB))이 I에 부가되어야 (38ㄱ)의 I 구조가
도출된다. 즉, (38ㄱ)의 I 구조는 (21)의 Holmberg 일반화, 나
아가 (39)의 조건에 입각해서만 도출된다.

2.6.2. 논리형태 결속구조

최소이론에서 논리형태 운용(LF operation)도 당연히 최소화
되어야 한다. 가장 이상적인 최소화는 아예 아무것도 설정하
지 않는 것이다. 따라서, 최소이론에서는 연산체계의 일반적
점검 운용 이외에 추가적 논리형태 운용은 없다는 가설을 가
능한 한 밀고 나가고 있다. 예를 들어, 종래의 소위 양화사-인
상(量化詞引上 Quantifier Raising, QR)도 논리형태 의문사-이동
(LF *Wh*-Movement)도 없다는 가설을 밀고 나가고 있다. 다시
말하면, 기왕에 존재하는 것으로 인정되고 있는 연산체계의
일반적 점검 운용(checking operation)과 개념-의도 체계의 해
석체계(解釋體系 interpretive system)만으로 종래의 양화사-인
상이나 논리형태 의문사-이동의 역할이 완전 흡수되도록 노력
하고 있다.

종래에 논리형태 운용으로 인정되어온 소위 재구성(再構成 Reconstruction)도 최소화하고, 가능한 한 없애는 방향으로 노력하고 있다. 다음 (40)에서 보듯이 논항 이동(論項移動 A-Movement)의 경우에는 재구성이 허용되지 않는다.

(40) ㄱ. *There seem to him$_i$ to be many pictures of John$_i$ in the room.

     ㄴ. Many pictures of John$_i$ seem to him$_i$ to be in the room.

만일 논항 이동의 경우에 논리형태에서 재구성이 이루어진다면, (40ㄴ)도 (40ㄱ)처럼 결속원리 (C)를 어기어 비문이 되었을 것이다.

비논항 이동(非論項移動 A′-Movement)의 경우에도 항상 재구성이 되는 것은 아니다. 다음 (41)의 예문들을 보자.

(41) ㄱ. ?*How many pictures of John$_i$ do there seem to him$_i$ to be in the room?

     ㄴ. How many pictures of John's$_i$ graduation do there seem to him$_i$ to be in the room?

비논항 이동은 논리형태에서 재구성된다는 가설에 입각하면 (41ㄱ)의 비문법성은 설명되지만, (41ㄴ)의 문법성은 설명되지 않는다. 즉, (41ㄴ)에서도 (41ㄱ)에서처럼 비논항 이동이 재구성된다면, (41ㄴ)도 (41ㄱ)처럼 결속원리 (C)를 어기게 되어 비문이 되었을 것이다. (41ㄱ, ㄴ)의 문법성 차이를 재구성 여부로 설명하기보다는, 일체의 재구성이라는 추가적 논리형 태 운용을 인정하지 않고, (41ㄱ)과 같은 경우의 비문법성에 대하여 다른 해결을 모색해 보는 것도 의의있는 일이다.

논리형태 최소화의 또하나의 길은 기존의 논리형태 운용에 선택적으로 연관되게 함으로써 서로 다른 현상들을 설명하는 것이다. 예를 들어, 논리형태에서 유인·인상된 형식자질은 PRO의 통제자(統制者 Controller)는 될 수 있으나 대용사(代用 詞 Anaphor)의 결속자(結束者 Binder)는 못된다. 대용사의 결 속자는 다음 (42)에서 보는 바와 같이 최대투사범주(=XP)이어 야 한다.

(42) ㄱ. They$_i$ persuaded the man to plead guilty during each other's$_i$ trials.
  ㄴ. *The DA proved [that three men$_i$ were guilty] during each other's$_i$ trials.
  ㄷ. ?*The DA proved [there to be three men$_i$ guilty] during each other's$_i$ trials.

(42ㄱ)에서는 대용사 *each other*가 XP인 *they*에게 결속(bind) 되어 정문이지만, (42ㄴ)에서는 대용사 *each other*가 XP인 *three men*에게 또는 어떤 다른 XP에게도 결속되지 않아 비문 이다. (42ㄷ)에서는 *three men*의 형식자질(FF)이 주절 동사 *proved*에게 유인·인상되어 대용사 *each other*를 결속하지만 비문이다.

제 3 장   전망

3.1. 국부적 연산과 강자질의 제거

3.1.1. 국부적 연산

앞서 2.3.3.에서 논의한 바와 같이, 자연언어에는 소위 예상적 용의 비국부성(豫想適用非局部性 "look-ahead" global complexity) 을 초래하는 현상이 종종 있는데, 그때마다 자연언어에는 그 예상적용의 비국부성을 극복할 수 있는 소위 형태론적 국부적 연산(形態論的局部的演算 morphological local algorithm)이 동시 에 마련되어 있음이 밝혀지고 있다. 그 한 가지 예가 2.3.1.에서 논의한 보수전략(補修戰略 Repair Strategy)이다.

보수전략은 음성형태의 해독조건을 만족시키기 위해서 문 자화 이전에 미리 적용되는 운용으로서 예상적용의 비국부성 을 내포하는 현상이다. 그런데, 이러한 예상적용의 비국부성 이 다음과 같은 형태론적 국부적 연산으로 극복될 수 있다. 즉, 보수전략의 직전 단계인 유인의 과정에서 그 유인되는 형 식자질이 자신이 속해 있는 어휘항목 속에서 음성자질들과 함 께 있는 상태이면, 보수전략이 자동적으로 작동(automatically trigger)된다고 보는 것이다. 여기서 '형식자질이 유인될 당시 자신이 속해 있는 어휘항목 속에서 음성자질들과 함께 있는 상태이냐 아니냐?'는 매우 단순한 형태론적/음운론적[38] 국부적 연산이다.

이와 같이 매우 단순한 형태론적/음운론적 국부적 연산으로 보수전략의 예상적용의 비국부성이 극복될 수 있지만, 그것이 보수전략의 예상적용의 비국부성이라는 현상적 특성 자체를 없애는 것은 아니다. 다만 보수전략이라는 비국부적(global) 현상이 국부적(local) 연산으로 규명·포착될 수 있다는 것이다. 그리고 그 국부적 연산이 형태론적/음운론적이라는 점이 중요하다. 이와 같이 단순한 형태론적/음운론적 국부적 연산으로 비국부적 통사적 복잡성이 규명·포착된다는 것이 최소이론의 특성이며 강점이다.

한편, 이러한 비국부적 통사적 복잡성과 그에 대한 국부적 형태론적 연산 사이의 상관 관계는 밝혀지지 않고 있다. 다시 말하면, 자연언어에는 왜 비국부적 통사적 복잡성에 대하여 국부적 형태론적 연산이 동시에 마련되는지가 밝혀지지 않고 있다. 즉, 자연언어가 비국부적 통사적 복잡성에 대하여 국부적 형태론적 연산을 동시에 마련해야 할 필연적 이유는 밝혀지지 않고 있다. 그런데, 과연, 국부적 형태론적 연산이 마련되지 않는 비국부적 통사적 현상도 있는 듯하다. 다음 (1)의 미로문(迷路文 Garden Path Sentence)을 보자.

---

[38] 유인될 형식자질의 측면에서는 "형태론적" 국부적 연산이고, 유인될 형식자질과 함께 있는 음성자질의 측면에서는 "음운론적" 국부적 연산이다.

(1) The horse past the barn fell.

(1)에 대하여 왼쪽에서 오른쪽으로(left to right) 진행되는 어구해부(語句解剖 Parsing) 과정에서 *fell*이라는 동사를 예상해서 *past*를 동사로 보지 말고 전치사로 보아야 한다. 그러나 이 경우 그런 예상을 결정해 줄 국부적 형태론적/음운론적 연산은 마련되지 않는다. 여기서 우리는 비국부적 통사적 복잡성을 극복하기 위한 자연언어의 국부적 형태론적/음운론적 연산에 한계가 있음을 본다. 이러한 자연언어의 한계는 무엇을 의미하는가? 이 질문이 바로 자연언어의 소위 비활용성(非活用性 Unusability)의 연구에 대한 시발점이고 동시에 중요한 시사점이 된다고 본다. 실제로, 비국부적 통사적 복잡성을 극복하기 위한 자연언어의 국부적 형태론적/음운론적 연산의 한계성에 입각한 자연언어의 비활용성에 대한 연구는 언어학의 노벨상을 받을 연구 주제라고 Chomsky는 말한다.

이와 같이 예상적용의 비국부성은 언어이론상 심각한 의의가 있는 개념으로 밝혀지고 있다. 그런데, 예상적용의 비국부성은 앞서 2.2.1.에서 논의한 도출적 문법론(derivational theory of grammar)에서만 가능하고 표시적 문법론(表示的文法論 representational theory of grammar)에서는 불가능한 개념이다. 왜냐하면, 도출 과정에서만 '예상적용'의 문제가 발생할 수 있기 때문이다. 따라서, 예상적용의 비국부성 개념의 언어이론상 유용성도 최소이론의 도출적 문법론을 지지한다.

3.1.2. 강자질의 제거

최근 종래의 소위 강자질(强資質 Strong Feature)도 형태론적 국부적 연산으로 대치되어야 한다는 주장이 대두되고 있다. 우선 강자질 개념에 대한 문제점이 다음과 같이 밝혀지고 있다. 첫째, 강자질은 독립된 자질이 아니라 항상 다른 자질에 부가되어서만 존재하는 자질이다. 따라서 강자질의 독립된 구체적 특성을 집어낼 수 없다는 점에서 다른 자질과 질적으로 다르다.

둘째, 강자질은 다른 자질들과는 달리 자질유인의 이동을 통하지 않고 병합(Merge)으로도 만족될 수 있다. 예를 들어, 다음 (2)의 허사구문(expletive construction)을 보자.

(2) There is a man in the room.

Chomsky(1995)에 따라 확대투사원리(EPP)가 I의 강한 D-자질(strong D-feature)에 의해 포착된다고 할 때, (2)의 경우 I의 강한 D-자질이 자질유인의 이동을 통하지 않고 *there*의 병합으로 만족된다.

셋째, 강자질로 규명된다는 현상들이 언어-보편적(language-universal) 현상으로 밝혀지고 있다. 예를 들어, I의 강한 D-자질로 규명된다는 확대투사원리는 최근 언어-보편적 현상으로 밝혀지고 있다. 언어-보편적 현상은 강자질/약자질의 구분을 초월하는 언어의 특성이다. 따라서, 그런 특성을 강자질로 규명하는 것은 부적절하다.

이러한 강자질의 문제점을 고려할 때, 강자질을 형태론적 국부적 연산으로 대치하는 것은 매우 바람직하다. 그 구체적인 방법으로서, 앞서 2.4.7.에서 논의한 바와 같이 어휘항목의 선택자질(Selectional Feature)이 거론되고 있다. 예를 들어, 확대투사원리(EPP)를 위한 I의 강한 D-자질(strong D-feature)은 [+지정어]([+SPEC]) 또는 [+DP___]라는 I의 선택자질로 대치할 수 있다. 이것은 [+___VP]라는 I의 선택자질과 같은 성질의 어휘자질이다. 다시 말하면, I는 보충어로서 VP를 택하듯 지정어로서 DP를 택한다는 것이다.

이와 같이 종래의 강자질을 어휘적 선택자질로 대치하는 것은 다음과 같은 이점이 있다. 첫째, 왜 강자질만이 다른 점검자질들과 다른 속성을 갖는가 하는 문제를 해소시킨다. 둘째, 강자질로 규명되던 언어-보편적 현상이 언어-보편적 어휘자질인 선택자질로 규명된다. 즉, 앞서 2.1.1.에서 논의한 바와 같이 점검자질은 매개변인적 변이를 반영하는 유인에 개입되고 어휘항목의 선택자질은 언어-보편적 구조적 선택을 반영하는 병합에 개입된다. 셋째, 강자질로 규명되던 통사 현상들이 어휘항목의 선택자질이라는 형태론적 국부적 연산으로 규명됨으로써 최소이론에 더욱 부합된다.

이와 같이 강자질이 유인자 어휘항목의 선택자질로 대치되면, 유인자의 형식자질에는 강자질/약자질의 구별이 없어진다. 따라서, 유인자의 형식자질은 반드시 점검되어야 하지만 그 점검 시점은 문법 자율에 맡겨진다. 즉, 관련 문법원리의 요구에 따라 문자화 이전에 적용될 수도 있고 문자화 이후에 적용될 수도 있다. 유인자 형식자질의 점검이 문자화 이전에 일어나도록 요구하는 한 예가 유인자 어휘항목의 선택자질이다. 예를 들어, I의 선택자질 [+지정어] 또는 [+DP___]는 I의 φ-자질(주격 포함) 점검이 문자화 이전에 일어나도록 요구한다. 왜냐하면, 어휘항목의 선택자질은 문자화 이전에 만족되어야 하고, 경제원칙에 따라 한 유인자의 형식자질의 점검과 선택자질의 만족이 하나의 문법적 운용으로 동시에 이루어질 수 있다면 그렇게 되어야 하기 때문이다.

앞서 2.4.7.에서 논의한 바와 같이 v의 선택자질 [+추가 지정어]도 목적어의 φ-자질(대격 포함)의 점검을 문자화 이전에 이루어지게 한다. 다시 말하면, Chomsky(1995)에서 문자화 이전 목적어-인상을 위해 v에 설정한 강한 D-자질 대신에 선택자질 [+추가 지정어]를 v에 설정할 수 있다.

이와 같이 목적어-인상을 위해 강한 D-자질 대신에 선택자질 [+추가 지정어]를 v에 설정하면, 2.4.8.에서 논의한 바와 같이, 영어의 대격 의문사구의 목적어-인상의 경우처럼 예외적 목적어-인상을 자연스럽게 설명할 수 있다. 즉, 영어와 같은 경우 v의 [+추가 지정어] 자질을 N의 [+복수]([+plural]) 자질처럼 수의적 어휘자질(optional lexical feature)로 설정하되 그 v의 [+추가 지정어] 자질의 수의성(optionality)을 문법 자율에 맡기면 된다. 다시 말하면, v에 [+추가 지정어] 자질이 요구되는 문법적 환경에서만 v에 [+추가 지정어] 자질이 주어지게 한다는 것이다. 이것은 마치 다음 (3ㄱ, ㄴ)에서 보듯이 N에 [+복수] 자질이 요구되는 문법적 환경에서만 N에 [+복수] 자질이 주어지게 하는 것과 같다.

(3) ㄱ. The boys are running.

  ㄴ. The boy is running.

(3ㄱ)에서는 *are*라는 문법적 환경 때문에 주어 *boy*는 어휘부에서 [+복수] 자질이 주어졌어야 하고, (3ㄴ)에서는 *is*라는 문법적 환경 때문에 주어 *boy*는 어휘부에서 [+복수] 자질이 주어지지 않았어야 한다. 이와 똑같은 논리로, 앞서 2.4.8.에서 자세히 논의한 바와 같이, 영어에서 목적어가 의문사구인 문법적 환경에서는 *v*가 어휘부에서 [+추가 지정어] 자질이 주어졌어야 하고, 목적어가 의문사구가 아닌 문법적 환경에서는 *v*가 어휘부에서 [+추가 지정어] 자질이 주어지지 않았어야 한다.

　강자질의 개념을 어휘항목의 선택자질의 개념으로 대치하면, 이와 같이 영어의 예외적인 목적어-인상 현상이 어휘항목의 수의적 어휘자질이라는 매우 일반적인 개념으로 자연스럽게 설명된다. 그런데, 여기서 주목해야 할 점은 그 수의적 어휘자질의 수의성이 문법 자율에 맡겨진다는 점이다. 예를 들어, (3ㄱ)에서 [+복수] 자질이 주어지지 않은 *boy*가 주어로 도입되거나, (3ㄴ)에서 [+복수] 자질이 주어진 *boy*가 주어로 도입되면, 그러한 도출은 I의 φ-자질 점검에서 자질-불일치를 일으켜 문법-자율적으로 제거된다.

3.1.3. 지연원리의 제거

　이와 같이 수의적 어휘자질의 수의성이 문법 자율에 맡겨진다는 것은 종래의 지연원리(遲延原理 Principle of Procrastinate)

의 개념도 문법 자율에 맡겨지는 수의적 어휘자질의 수의성에 흡수될 수 있음을 시사한다. 왜냐하면, 종래의 지연원리가 준수되는 경우, 즉 문법적 운용이 논리형태에서 일어나게 되는 경우는 단지 문법이 자율적으로 관련 어휘항목의 수의적 어휘자질인 선택자질을 요구하지 않는 경우라고 할 수 있기 때문이다. 즉, 강자질을 어휘항목의 선택자질로 대치하는 문법에서는 관련 어휘항목의 선택자질이 요구되지 않는 경우에는 자동적으로 논리형태 유인만 허용되기 때문이다.

종래의 지연원리에 따르면, 영어의 대격은 약자질이므로 영어의 대격점검은 논리형태에서만 가능하다. 그러나 실제로는 앞서 2.4.8.에서 논의한 바와 같이 목적어가 의문사구일 때는 대격점검이 지연원리를 위반하고 문자화 이전에 일어나야 한다고 보아야 하므로, 약자질 개념과 지연원리에 입각한 영어 대격점검 분석은 문제가 있다. 한편, 위에서 논의한 바와 같이, 강자질/약자질의 개념과 지연원리를 떠나서, 단순히 v에 선택자질 [+추가 지정어]를 수의적 어휘자질로 설정하고 그 선택자질의 수의성을 문법 자율에 맡김으로써 모든 문제가 해결된다. 결론적으로, 강자질의 개념을 어휘항목의 선택자질로 대치함으로써 약자질의 개념과 지연원리도 제거할 수 있게 된다.

3.1.4. 핵 매개변인

한편, 아이스랜드어(Icelandic)의 경우처럼 목적어-인상이 의무적으로 일어나는 경우는 v에 선택자질 [+추가 지정어]를 의무적 어휘자질로 설정하면 된다고 2.4.7.에서 논의하였다. 그러나 이와 같이 어떤 언어 전반에 걸친 특성을 개별 어휘항목의 어휘자질로 규명하기보다는 그 언어의 매개변인으로 규명·포착되는 것이 더 바람직하다. 따라서, 아이스랜드어에서 목적어-인상이 의무적으로 일어나는 것은 음성형태 부문의 어순결정자(語順決定子 ordering module)에 속하는 핵 매개변인(核媒介變因 Head Parameter)에 기인하는 것으로 규명하는 것이 더 바람직하다고 할 수 있다. 여하간, 아이스랜드어의 의무적 목적어-인상을 강자질에 기인하는 것으로 볼 수 없음은 확실하다.

3.2. 핵 이동의 제거

3.2.1. 음성형태 접사부가

앞서 2.1.1.에서 논의한 바와 같이 최근 대부분의 핵 이동(核移動 Head Movement)은 연산체계 특히 문자화 이전의 운용[39]이 아니라 음성형태의 접사부가(接辭附加 Affixation) 현상이라는 주장이 일고 있다. 그러한 주장의 근거는 다음과 같다. 첫째, 대부분의 핵 이동은 의미해석(semantic interpretation)

---

[39] 연산체계의 핵 이동이라면 문자화 이전의 운용이 된다. 왜냐하면, 문자화 이후 논리형태에서는 핵이 이동하지 않고 핵의 형식자질만이 유인될 것이기 때문이다.

상의 차이를 가져오지 않는다. 예를 들어, 불어에서는 동사-인상(動詞引上 V-Raising)이 일어나고, 영어에서는 동사-인상 대신에 논리형태에서 동사의 형식자질이 유인되는데, 이로 인하여 불어와 영어 사이에 의미해석상의 차이가 생기지 않는다.[40]

한편, 의미해석상의 차이를 가져오는 핵 이동도 있다. 예를 들어, 소위 N의 V로의 융합(N-V 融合 N-to-V Incorporation)이나 V의 V로의 융합(V-V 融合 V-to-V Incorporation)과 같은 핵 이동은 그 핵 이동 이전의 상태와 그 이후의 상태 사이에 의미해석상의 차이가 있을 수 있다. 따라서, 이러한 소위 융합의 핵 이동은 음성형태의 접사부가 현상이라고 할 수 없다. 그러나 기타 좀더 보편적인 핵 이동, 예를 들어 V의 I로의 인상(V-to-I Raising), I의 C로의 인상(I-to-C Raising), N의 D로의 인상(N-to-D Raising) 등은 의미해석상의 차이를 가져 오지 않으므로 음성형태의 접사부가 현상으로 간주해야 한다는 주장이 일고 있다.

둘째, V의 I로의 인상, I의 C로의 인상, N의 D로의 인상 등의 핵 이동으로 생겨난 핵은 일치(一致 Concord) 등의 현상에 있어서 하나의 핵 범주로 행동한다. 예를 들어, 현상적으로 볼 때, 주어-동사의 일치는 주어와 V 또는 주어와 I 사이에 따로 따로 일어나지 않고 주어와 V+I 사이에 일어난다고 보겠다. 다시 말하면, 언어-보편적으로, V와 I, I와 C, N과 D는 각각 하나의 핵 범주로 행동하는 일종의 초범주(超範疇 super-

---

[40] 핵 이동과는 달리 XP-이동은 작용역(作用域 Scope), 결속(結束 Binding), 특정성(特定性 Specificity), 등에 있어 의미해석상의 차이를 가져 온다.

category)를 이미 형성하고 있으므로, 이들이 다시 통사적 핵 이동으로 결합될 필요는 없고, 다만 이들이 실제로 하나의 단어로 발음되도록 하기 위한 음성형태의 접사부가 과정만 필요하다는 것이다.

셋째, 만일 V의 I로의 인상, I의 C로의 인상, N의 D로의 인상 등이 연산체계의 핵 이동이라면, 이들 핵 이동의 유인자인 I, C, D가 각각 XP의 유인·이동의 유인자도 될 수 있음이 설명되어야 한다. 즉, I는 주어-인상(Subject-Raising)의 유인자도 될 수 있고, C는 의문사구-이동(*Wh*-Movement)의 유인자도 될 수 있고, D는 명사구-이동(NP-Movement)의 유인자도 될 수 있으므로,[41] 왜 I, C, D는 이중 유인자(double attractor)가 되는지 수수께끼로 남는다.

이와 같이 언어-보편적으로 I는 V의 핵 이동과 주어의 XP-이동의 유인자가 되고, C는 I의 핵 이동과 의문사구의 XP-이동의 유인자가 되고, D는 N의 핵 이동과 명사구의 XP-이동의 유인자가 된다는 사실이 완전히 우연의 일치라고 보기 어렵다. 그런데, V의 I로의 인상, I의 C로의 인상, N의 D로의 인상 등이 연산체계의 핵 이동이 아니라 음성형태의 접사부가 현상이라면, 이 수수께끼가 풀리기 시작한다. 즉, I, C, D는 이중 유인자가 아니라 각각 XP만을 유인·이동하는 XP-유인자일 뿐이다. 동시에, 이중 유인자는 없다는 언어-보편적 제약을 제안할 수 있다.

---

[41] 양동휘(1996)에서 논의한 바와 같이 한국어에서 D는 NP를 유인·이동한다.

넷째, 핵 이동은 다분히 음운론적/형태론적 속성을 가지고 있다. 예를 들어, 핵 이동의 결과는 통사론적 복합체가 아니라 음운론적/형태론적 복합체와 같고, 음성형태 접사부가의 결과와 구별되지 않는다. 결국, 종래에 핵 이동이라고 부르는 것은 형식자질에 기인하는 연산체계 운용이 아니라 기본적으로 (4)의 접사여과(接辭濾過 Affix Filter)에 기인하는 접사첨가의 속성을 갖는다고 할 수 있다.

    (4) 음성형태에서 [+접사]의 요소는 홀로 설 수 없다. 즉, 다른 요소에 의해 지지되어야 한다.

다섯째, 핵 이동을 음성형태의 접사부가 현상으로 간주하면, 핵 이동의 차이로 달리 분석되던 언어들에 있어 동일한 논리형태가 도출되는 이점이 있다. 다시 말하면, 그 핵 이동의 차이가 음성형태의 차이로 돌려지므로, 논리형태는 핵 이동의 차이에 상관없이 모두 동일하게 된다. 이것은 논리형태의 언어-보편성 가설에 입각해 볼 때 바람직한 것이다.

3.2.2. 음성형태의 CP 구조

여섯째, 영어에서 I의 C로의 인상이 연산체계의 운용일 수 없고 음성형태 현상으로 간주되어야 하는 증거가 있다. 다음 (5)의 구문을 보자.

(5) ㄱ. I wonder [CP why [IP there I was a man in the room]]]

 ㄴ. [CP Why [C' was+Iᵢ [IP there tᵢ a man in the room]]]?

(5ㄱ)에서는 논리형태에서 *a man*의 φ-자질(주격 포함), 관련 명사구로서의 N-자질 등이 종속절 I에 유인/무임승차된다. N의 D로의 인상(N-to-D Raising)을 통해 *there*에게 유인·점검될 *a man*의 N-자질이 *there*에게 직접 유인·점검되지 않고 종속절 I에게로 먼저 무임승차되는 것은 다음 (6)의 조건 때문이다.

(6) 유인자는 유인/무임승차될 자질을 관할(管轄 Dominate) 해야 한다.

(5ㄱ)에서 종속절 I는 *a man*을 관할하지만 *there*는 *a man*을 관할하지 못한다. 왜냐하면, Chomsky(1995)의 필수구구조(必須 句構造 Bare Phrase Structure) 이론에 따라, (5ㄱ)의 종속절 IP 구조에서 I' 절점(節點 node)은 I와 동일하지만 IP 절점은 *there* 와 동일하지 않기 때문이다(양동휘 1995 참조).

앞서 2.5.5.의 (36) 예문에서 *a man*의 N-자질이 *there*에게 직접 유인·점검된다고 했는데, 그 때는 *a man*의 N-자질이 (6) 의 조건에 따라 무임승차될 수 없는 상황이었다. 따라서, (6) 을 특수한 예외적인 경우를 제외하고는 항상 지켜져야 할 유인/무임승차의 경제조건이라고 간주하고, (5ㄱ)과 같은 경우 *a man*의 N-자질이 (6)에 따라 종속절 I에게 무임승차되어 *there* 에게 점검된다고 볼 수 있다.[42]

---

[42] 관련 명사구의 N-자질이 I에서 허사 *there*에게 점검되는 구체적인

그렇다면, (5ㄴ)과 같은 경우, I의 C로의 인상이 연산체계의 핵 이동이라면, 문제가 된다. (5ㄴ)에서 종속절 I가 *was*와 함께 C에게 핵-이동된 상태에서 *a man*의 φ-자질(주격 포함), 관련 명사구로서의 N-자질 등이 종속절 I에 유인/무임승차되면, *a man*의 N-자질이 *there*에게 유인·점검될 길이 없게 된다. 왜냐하면, 유인/무임승차될 자질이 자신의 유인자를 관할하는 꼴이 되기 때문이다. 그러나 I의 C로의 인상이 연산체계의 핵 이동이 아니라 음성형태의 접사첨가라면, 이 문제가 해소된다. 즉, 그렇게 되면, 논리형태에서 (5ㄴ)은 (5ㄱ)의 종속절과 같은 상태로 남아 있을 것이기 때문이다.

최근, I의 C로의 인상뿐만 아니라 *Wh*-이동도 음성형태 운용으로 보아야 한다는 논의가 일고 있다. 따라서, CP도 3.4.1.에서 논의할 PartP처럼 음성형태 구조로 간주될 가능성이 있다.

3.2.3. 접사도약의 부활

일곱째, V의 I로의 인상도 연상체계의 핵 이동이 아니라 음성형태의 접사부가 현상이라는 논증은 이미 넓게 깊게 연구되고 있다. 그 대표적인 연구가 Bobaljik(1994), Lasnik(1994) 등이다. 결국, 종래의 V의 I로의 인상은 I의 접사성(接辭性)을 만족시킨다는 음운론적 의의밖에 없었다는 것이다. 결과적으로, Chomsky(1957)의 소위 접사도약(接辭跳躍 Affix Hopping)

과정에 대하여서는 자세히 밝혀지지 않고 있다.

의 개념이 음성형태에서 부활되고 있는 셈이다.

3.2.4. V2 현상

여덟째, 게르만어(Germanic language)의 소위 V2(Verb Second) 현상도 연산체계의 핵 이동 현상이 아니고 음성형태 현상이라는 주장이 일고 있다. 우선, 연산체계에는 일체의 어순 (ordering)이 결정되어 있지 않고 음성형태의 어순결정자 (ordering module)에 가서 비로소 어순이 결정될 것이므로, V2와 같이 어순을 지시하는 현상은 음성형태 현상일 수밖에 없다. 즉, 연산체계에서는 '2'와 같은 수적 개념이 통용되지 않는다.

V2란 SVO와 같이 V가 2번째 오는 어순을 지시하는데, 이와 같이 V2가 지켜지는 SVO 어순의 경우와 V2가 지켜지지 않는 VSO 어순의 경우 사이에 의미해석상 차이가 생기지 않으므로 V2 현상이 반드시 연산체계에 반영되어야 할 이유는 없다. 특히, 다중 지정어 구문(multiple SPEC construction)에서의 V2 현상은 다음 (7ㄴ)과 같이 나타나므로, 연산체계에서 자연스럽게 도출되고 요구되는 (7ㄱ)과는 다르다.

(7) ㄱ. $SPEC_1$ $SPEC_2$ I+V

    ㄴ. $SPEC_1$ I+V $SPEC_2$

따라서, V2 현상이 연산체계에 핵 이동으로 반영되어 (7ㄴ)의 구조가 연산체계에 강요된다면, 연산체계의 연산이 매우 복잡해질 것이다.

3.2.5. 음성형태 접사부가의 논리형태 효과

앞서 2.4.4.에서, V의 I로의 인상으로 '풍부해진 I'가 등거리에 있는 목적어와 주어 중에서 멀리 있는 주어를 자신의 지정어 자리로 유인·이동함으로써, 엄밀 순환성을 어기지 않으면서 Holmberg 일반화를 포착할 수 있다고 하였다. 다시 말하면, 목적어-인상을 먼저 하고 나서 V의 I로의 인상을 해도, V-인상으로 '풍부'해진 I가 주어를 유인·이동하게 되므로 문제 없다고 하였다.

그런데, 만일 V의 I로의 인상이 연산체계에서 인정되지 않으면, 연산체계에서 I가 '풍부'해질 수 없으므로 문제가 될 듯하다. 왜냐하면, 만일 V의 I로의 인상이 연산체계에서 인정되지 않으면, 음성형태에서 V가 I에 접사부가될 경우에만 논리형태에서 I가 '풍부'해져야 한다는, 예상적용의 비국부성이 야기된다고 할 수 있기 때문이다. 그러나 그런 예상적용의 비국부성이 야기된다고 할지라도, 그것은 형태론적 국부적 연산으로 해결된다. 즉, 음성형태에서 V가 I에 접사부가 되도록 하는 I의 그 특성이 논리형태에서 I를 '풍부'하게 하는 형태론적 국부적 연산으로 간주될 수 있다. 결국, 음성형태에서 V의 I로의 접사부가를 야기시키는 I의 특성이 논리형태에서는 I를 '풍부'하게 하는 요인으로 간주될 수 있다.

3.3. 흔적의 가시성

3.3.1. 수정 가시성 조건

다음 (8)의 예문에서 문자화 이전에 *who*가 C의 지정어 자리로 이동하여 [+*wh*]-자질을 점검받고 그 *who*의 흔적이 논리형태에서 *v* 또는 V로 이동하여 대격 자질을 점검받는다고 하면, Chomsky(1995)가 제안한 (9ㄱ) 또는 (9ㄴ)의 조건을 위배하게 된다고 2.4.7.에서 논의하였었다.

(8) [$_{CP}$ Who$_i$ did [$_{IP}$ John$_j$ I [$_{vP}$ t$'_i$ [$_{vP}$ t$_j$ *v* [$_{VP}$ see t$_i$]]]]]?

(9) ㄱ. 흔적은 유인에 관여할 수 없다.

　　ㄴ. 흔적은 연산체계 운영에 보이지 않는다.

다시 말하면, (9ㄱ) 또는 (9ㄴ)의 조건 때문에 (8)에서 *who*의 흔적이 *v* 또는 V의 유인·점검의 대상이 될 수 없다고 하였다.

유인은 연산체계의 핵심적 운용이기 때문에 (9ㄱ)은 (9ㄴ)으로 일반화할 수 있으며, (9ㄴ)은 흔적의 가시성 조건(痕迹可視性條件 Visibility Condition of Trace)이라고 불린다. 그러나 최근 (9ㄴ)을 (10)으로 수정하게 되었다.

(10) 흔적 전체는 연산체계 운영에 보이지 않지만, 흔적의 부분들은 보인다.

(10)은 혼적 전체는 연산체계 운영에 관여할 수 없지만 혼적의 부분들은 관여할 수 있다는 것이다. (9ㄴ)을 (10)으로 수정하게 된 근거는 다음과 같다. 다음 (11)의 구문을 보자.

(11) $[_{CP}$ How many books$_i$ $[_{C'}$ are+I$_j$ $[_{IP}$ there t$_j$ t$_i$ on the shelf]]]?

(11)에서 *how*의 [+*wh*]-자질이 C에게 유인되고 보수전략에 의해 *how many books*가 혼적 t$_i$를 남기고 C의 지정어 자리로 병합된다. 한편 논리형태에서 *how many books*의 φ-자질(주격 포함)과 관련 명사구로서의 N-자질 등의 형식자질이 I에 유인/무임승차되어 점검되어야 한다. 그러기 위하여는 다음과 같은 과정이 필요하다. 즉, I의 C로의 인상은 음성형태의 접사 첨가 현상이라는 가정 아래 연산체계에서는 *are*+I가 t$_j$의 위치에 있다고 보고, 또 복사 혼적(複寫痕迹 Copy Trace)의 가정 아래 혼적 t$_i$는 *how many books*의 복사라고 보고, (10)의 조건에 따라 복사 혼적 *how many books*의 일부분인 φ-자질(주격 포함)과 관련 명사구로서의 N-자질 등의 형식자질이 I에 유인/무임승차되어 점검된다고 보는 것이다.[43]

여기서 주목해야 할 점은 복사 혼적 *how many books* 전체

---

[43] (11)에서 복사 혼적 *how many books*의 형식자질 중에서 *how*의 [+*wh*]-자질은 문자화 이전에 이미 C에게 유인·점검되었지만, *books*의 φ-자질(대격 포함)과 관련 명사구로서의 N-자질 등은 아직 유인·점검되지 않고 있으므로 논리형태에서 I에게 유인·점검될 수 있다.

는 연산체계 운영에 관여할 수 없지만 혼적의 부분들은 관여할 수 있다는 것이다. 즉, (11)의 논리형태에서 복사 혼적 *how many books*의 일부분인 φ-자질(주격 포함)과 관련 명사구로서의 N-자질 등의 형식자질이 I에 유인/무임승차되어 점검될 수 있다.

따라서, (8)도 (10)에 따라 재분석될 수 있다. 즉, (8)에서 문자화 이전에 *who*가 [+wh]-자질을 C에게 유인·점검받고 C의 지정어 자리로 병합되고, 그 복사 혼적 *who*의 일부분인 φ-자질(대격 포함)이 논리형태에서 *v* 또는 V에게 유인·점검될 수 있다. 따라서, (8)에 대하여서는 두 가지 분석이 가능한 셈이다. 즉, (8)에서 목적어 *who*의 대격이 2.4.7.에서 논의한 바와 같이 *who*가 직접 문자화 이전에 목적어-인상됨으로써 점검될 수도 있고, 위에서 논의한 바와 같이 문자화 이후에 *who*의 복사 혼적의 일부분인 φ-자질(대격 포함)이 논리형태에서 *v* 또는 V에게 유인됨으로써 점검될 수도 있다.

한편, *who*와 같은 의문사는 DP의 핵(核 Head)인 D 또는 NP의 핵인 N으로 분석되어 왔다. *who*를 D로 보면 (12ㄱ)과 같은 어휘구조가 되고, N으로 보면 (12ㄴ)과 같은 어휘구조가 된다.

(12) ㄱ.

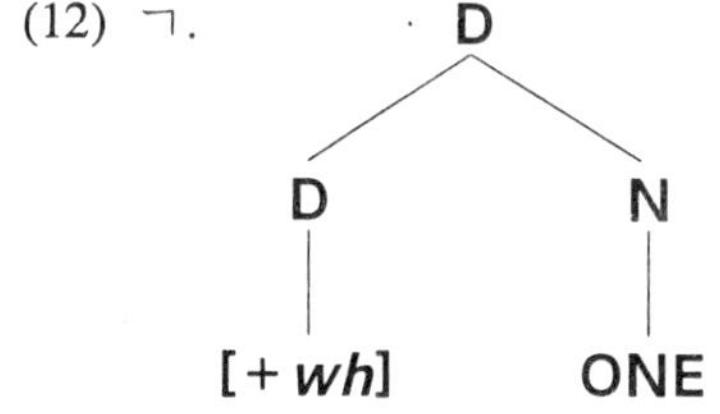

ㄴ.

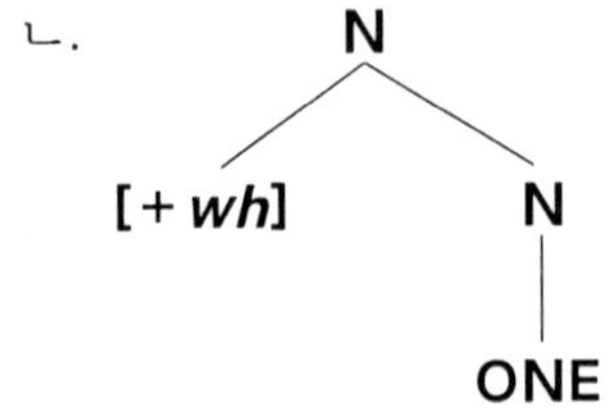

    (12ㄱ)에서는 D인 [+*wh*]에 N인 *ONE*이 부가되어 있는 상태이고, (12ㄴ)에서는 N인 *ONE*에 단순 자질인 [+*wh*]가 부가되어 있는 상태이다. *ONE*은 대명사적 자질(pronominal features)의 집합이다. 그런데, 위의 (8)의 구조에서, *who*가 NP의 핵으로서 (12ㄴ)의 구조일 때만 C의 [+*wh*]-자질 점검을 위해서 [+*wh*]가 유인되고, *v* 또는 V의 φ-자질(대격 포함) 점검을 위해서 *ONE*의 φ-자질(대격 포함)이 유인될 수 있다. 그 이유는 아래와 같다.

    우선 *who*와 같은 의문사를 (12ㄱ, ㄴ)과 같이 분석하면, 다음 (13ㄱ, ㄴ)의 차이를 설명할 수 있다.

(13) ㄱ. the book which$_i$ I saw t$_i$ on the table

     ㄴ. *the book which$_i$ there was t$_i$ on the table

    (13ㄱ, ㄴ)에서 의사 의문사(擬似疑問詞)인 관계사 *which*는 그 선행사가 DP인 *the book*이므로 역시 DP이어야 한다. 따라서, (13ㄱ, ㄴ)에서 관계사 *which*의 이동은 DP의 이동이다. 그리고 (13ㄱ, ㄴ)에서 관계사 *which*는 DP의 핵인 D로서 (12ㄱ)과 같은 어휘구조를 갖는다고 보겠다.[44]

이러한 관계사 *which*의 분석은 (13ㄱ)의 경우에는 아무런 문제가 없으나 (13ㄴ)의 경우에는 문제가 생긴다. 즉, (13ㄴ)의 경우 논리형태에서 *which*의 복사 흔적으로부터 φ-자질(주격 포함)과 N-자질 등이 관계절 I에게 유인·점검되어야 하는데, 그러기 위해서는 이러한 형식자질들이 (12ㄱ)의 *which* 구조에서 N인 *ONE*으로부터 D인 [+*wh*]를 건너 DP 밖으로 나가야 하므로,[45] 최소연결조건(最小連結條件 Minimal Link Condition, MLC)을 위반한다. 따라서 (13ㄴ)은 비문법적이다.

이와 똑같은 방법으로, 허사 구문(虛辭構文 Expletive Construction)의 한정성 효과(限定性效果 Definiteness Effect)도 설명할 수 있다. 예를 들어, 다음 (14)의 허사 구문을 보자.

(14) *There is the man in the room.

(14)의 논리형태에서 *man*의 φ-자질(주격 포함)과 N-자질 등이 I에게 유인·점검되어야 하는데, 그러기 위해서는 이러한 *man*의 형식자질들이 D인 *the*를 건너 DP인 *the man* 밖으로 나가야 하므로, 최소연결조건을 위반한다. 따라서 (14)는 비문이다.

---

[44] 의문사와 관계사의 또하나의 공통점은 둘 다 운용자(運用者 Operator)라는 점이다.

[45] 관계사의 운용자(運用者 Operator) 자질인 [+*wh*]-자질은 해석성 자질(interpretive feature)이므로 관계사 이동과 함께 유인·점검된 뒤에도 관계사의 복사 흔적 속에 남아 있다.

3.3.2. 지연원리의 잔재?

(8)의 경우에도 *who*가 DP로 간주되어 D로서의 그 어휘구조가 (12ㄱ)일 때는, 문자화 이전에 *who*가 C의 지정어 자리로 병합되고 그 복사 혼적 *who*의 일부분인 φ-자질(대격 포함)이 논리형태에서 *v* 또는 V에게 유인·점검되는 분석은 불가능하다. 왜냐하면, (12ㄱ)의 *who* 구조에서 *ONE*의 φ-자질(대격 포함)이 *v* 또는 V에게 유인·점검되기 위해 D인 [+*wh*]를 건너 DP 밖으로 나가는 것은 최소연결조건을 위반하기 때문이다. 따라서, *who*가 DP로 간주될 때는, 2.4.7.에서 논의한 바와 같이, *who*의 대격이 *who*가 직접 문자화 이전에 목적어-인상됨으로써 점검되는 분석만이 가능하다.

결국, (8)에서 *who*가 NP로 간주되어 N으로서의 그 어휘구조가 (12ㄴ)일 때는 두 가지 분석이 가능하다. 즉, 문자화 이전에 *who*가 C의 지정어 자리로 병합되고 그 복사 혼적 *who*의 일부분인 φ-자질(대격 포함)이 논리형태에서 *v* 또는 V에게 유인·점검되는 분석도 가능하고, *who*가 직접 문자화 이전에 목적어-인상됨으로써 *who*의 대격이 점검되는 분석도 가능하다. 한편, (8)에서 *who*가 DP로 간주되어 D로서의 그 어휘구조가 (12ㄱ)일 때는 한 가지 분석만이 가능하다. 즉, *who*가 직접 문자화 이전에 목적어-인상됨으로써 *who*의 대격이 점검되는 분석만이 가능하다.

(8)에서 *who*가 NP로 간주되어 N으로서의 그 어휘구조가 (12ㄴ)일 때 두 가지 분석이 가능한 것은 소위 다중 도출(多重導出 multiple derivation)의 경우이다. 만일 다중 도출은 반

드시 제거되어야 한다면, 3.1.3.에서 제거하기로 제안했던 지연원리(Principle of Procrastinate)를 잠시 동원하여 논리형태에서 *who*의 대격이 점검되는 분석만이 합법적(legitimate)이라고 할 수 있다. 그러나 이렇게 (8)과 같은 경우를 위해 군이 지연원리의 잔재(residue)를 인정해야 하느냐의 문제가 남는다.

3.3.3. 흔적의 범주와 흔적의 자질

결론적으로, 흔적의 가시성 조건 (10)을 다시 부연하면, 흔적은 하나의 범주(範疇 Category)의 자격으로서는 연산체계에 관여할 수 없지만 그 구성 자질(資質 Feature)의 자격으로는 관여할 수 있다는 것이다. 따라서, 위에서 논의한 바와 같이, 흔적이라는 범주는 유인의 대상이 될 수 없지만 흔적의 자질들은 유인의 대상이 된다. 동시에, 아래에서 논의하는 바와 같이, 흔적이라는 범주는 최소연결조건과 같은 문법원리에 참여할 수 없지만 흔적의 자질들은 참여한다. 다음 (15ㄱ, ㄴ)의 구문을 보자.

(15) ㄱ. the book [$_{CP}$ O_i that [$_{IP}$ a man$_j$ I [$_{vP}$ t$'_i$ [$_{vP}$ t$_j$ v [$_{VP}$ read t$_i$]]]]]

　　　ㄴ. *the book [$_{CP}$ O_i that [$_{IP}$ there I [$_{vP}$ t$'_i$ v [$_{VP}$ a man read t$_i$]]]]]

(15ㄱ)에서 *a man*의 연쇄(連鎖 Chain) C(*a man$_j$*, t$_j$)는 그 중간에 영 관계사(empty operator) O_i의 흔적 t$'_i$가 끼어 있지만

최소연결조건을 위반하지 않는다. 왜냐하면, C(*a man*$_j$, t$_j$)는 범주의 연쇄(chain of categories)이고 흔적은 범주로서는 최소연결조건과 같은 문법원리에 참여하지 않기 때문이다.

그러나 자질의 연쇄(chain of features) 중간에 흔적이 끼어들면, 최소연결조건과 같은 문법원리를 어긴다. 왜냐하면, 자질의 연쇄 중간에 끼어든 흔적은 범주로서는 역시 최소연결조건과 같은 문법원리에 참여하지 않지만 자질로서는 참여하기 때문이다.[46] 즉, (15ㄴ)의 논리형태에서 *a man*의 φ-자질(주격 포함)과 N-자질 등이 관계절의 I에게 유인되는 과정에서 생기는 자질의 연쇄 C(FF(I), FF(*a man*)) 중간에 끼어 있는 영 관계사 O$_i$의 흔적 t'$_i$는 스스로 내포하고 있는 자질 (특히 φ-자질) 때문에 최소연결조건의 위반을 초래한다. 따라서, (15ㄴ)은 비문법적이다.

3.3.4. 보수의 연장된 연결

이와 똑같은 이유로, 아이스랜드어(Icelandic)에서도 (15ㄴ)에 해당하는 구문은 비문법적이다. 그런데, 아이스랜드어에서는 다음 (16)에 해당하는 구문이 놀랍게도 문법적이다.

(16) [$_{IP}$ There read$_j$+I [$_{vP}$ the book$_i$ *v* [$_{VP}$ a man t$_j$ t$_i$]]]]]

---

[46] 범주의 연쇄 중간에 끼어든 흔적도 자질이 있지만, 범주의 연쇄에서는 범주만이 고려되므로 그 흔적의 자질이 아무런 효과를 내지 못한다.

  (15ㄴ)의 관계절과 (16)의 차이점은 다음 두 가지 뿐이다. 첫째, vP의 지정어 자리에 전자에서는 목적어의 흔적이 왔고 후자에서는 목적어 자체가 와 있다. 둘째, 후자에서는 문자화 이전에 동사가 I로 이동해 있고 전자에서는 그렇지 않다. 여기서 문제는 전자에서는 논리형태에서 *a man*의 φ-자질(주격 포함)과 N-자질 등이 I에게 유인되지 못하는데, 어떻게 후자에서는 그것이 가능한가 하는 것이다.

  최소연결조건에 참여하지 못하는 요소는 범주로서의 흔적 뿐이므로, (15ㄴ)에서 목적어 흔적의 자질 때문에 *a man*의 φ-자질(주격 포함)과 N-자질 등이 I에게 유인되지 못하듯이, (16)에서도 목적어 자체 때문에 *a man*의 φ-자질(주격 포함)과 N-자질 등이 I에게 유인되지 못해야 한다. 그러나 (16)은 문법적이다. 이 문제의 해결을 위해 보수전략의 보수(補修 Repair)의 개념과 흔적의 가시성 조건이 긴요하게 활용된다.

  (16)에서 동사 *read*가 v로 인상된 상태에서 *read+v*가 목적어 *the book*의 φ-자질(대격 포함)을 유인·점검하고, 이어서 보수전략에 의해 *the book*이 v의 지정어 자리로 병합되고, 이어서 v의 지정어 자리에 있는 *the book*이 *read+v*에게 φ-자질(대격 포함)을 보수해 받는다. 이와 같이 *the book*이 *read+v*에게 보수해 받을 때 *the book*과 *read+v* 사이에 하나의 연결(連結 Link)이 성립된다. 그런데, 이 연결은 *read+v*가 I로 인상됨에 따라 I로까지 연장된다.

  이 연장된 연결은 'I - *the book* - *read+v*'를 형성하여 하나의 φ-자질(대격 포함)의 연쇄(連鎖 Chain)와 같은 역할을 한다고 본다. 따라서, I는 이 φ-자질(대격 포함)의 연쇄(連鎖

Chain)의 머리의 역할을 하고 *the book*과 *read+v*는 그 혼적의 역할을 한다고 본다. 결국, (16)에서 *the book*은 φ-자질(대격 포함)의 연쇄 가운데 하나의 혼적으로서, 혼적의 가시성 조건 (10)에 따라, *a man*의 φ-자질(주격 포함)의 I로의 유인을 방해하지 않는다. 따라서, (16)은 (15ㄴ)과는 달리 문법적이다.

3.3.5. 적정결속조건의 제거

혼적의 가시성 조건은 종래의 혼적에 관련된 문법원리들의 재검토를 요구한다. 예를 들어, 종래에는 (17)과 같은 구문의 비문법성을 (18)의 적정결속조건(適正結束條件 Proper Binding Condition)으로 설명하였다. 즉, (17)에서 *there*$_i$의 혼적 t_i가 *there*$_i$에게 결속되지 않아 (18)의 적정결속조건을 어기므로 비문법적이라고 하였다.

(17) *[$_{AP}$ How likely [$_{IP}$ t_i to be a riot]]$_j$ [$_{IP}$ is there$_i$ t_j]?
(18) 혼적은 결속되어야 한다. (Traces must be bound.)

그러나 혼적의 가시성 조건을 받아들이면, (17)과 같은 구문의 비문법성을 (18)의 적정결속조건으로 설명할 수 없다. 왜냐하면, 연산체계의 문법원리는 혼적의 범주를 볼 수 없으므로 언급할 수도 없기 때문이다. 따라서, (17)과 같은 구문의 비문법성이 혼적을 언급하지 않는 다른 문법원리로 설명되어야 한다. 실제로 (17)과 같은 구문의 비문법성을 적정결속조건으로가 아니라 도출의 국부성 조건(locality conditions on

derivation)으로 설명하려는 연구들이 진행되고 있다. 그 한 예
가 Collins(1994)이다.

3.4. 치사형상과 논리형태

3.4.1. 치사형상

2.5.5.에서 논의한 바와 같이, 다음 (19)와 같은 구문의 경
우, 경유인 조건(輕誘引條件 Lightness Condition)에 따라 관련
명사구 *a man*의 형식자질 중에서 N-자질은 *there*에게 직접 유
인되고 φ-자질(대격 포함)은 주절 동사 *believes*에게 직접 유
인된다고 하였다.

(19) John believes [IP there to be [VP a man in the room]]

이와 같이 하나의 어휘항목의 형식자질들이 따로 따로 별
개의 유인자에게 유인될 수 있다. 그러나 어떤 하나의 형식자
질이 여러 유인자에게 유인될 수 없다. 이런 경우를 막기 위
해 구체적으로 논리형태에 (20)과 같은 조건이 설정된다.

(20) 하나의 형식자질이 두 유인자에게 유인될 수 없다. (A
    formal feature may not be attracted by two attractors.)

　　논리형태에서 적용되는 (20)은 하나의 형식자질이 두 유인자에게 유인되는 논리형태 형상(LF configuration)을 금지한다. 이렇게 금지되는 논리형태 형상을 치사형상(致死形象 Lethal Configuration)이라고 부른다. 모든 도출은 논리형태에서 치사형상에 이르지 않도록 진행되어야 한다. (20)에 입각한 치사형상의 예를 들면 다음과 같다. 다음 (21)의 구조도 치사형상이다. 왜냐하면, 의문사구의 [+*wh*]-자질이 두 개의 유인자 Q_1과 Q_2에게 유인되는 형상이기 때문이다.

　　(21)　$[_{CP}$ Q_1...............$[_{CP}$ Q_2...........*wh-*........]]

　　2.2.1.에서는 (21)을 유효한 논리형태 형상으로 가정하고 '이동'의 개념과 '유인'의 개념을 비교·논의하였으나, 그것은 (20)의 치사형상 조건을 고려하지 않은 가상의 구조에 대한 논의였었다. 실제로, 최근 논리형태 *Wh*-이동(LF *Wh*-Move)을 인정하지 않는 추세이므로, [+*wh*]-자질의 논리형태 유인을 가정하는 모든 논의는 가설적이라고 하겠다. 따라서, (21)에 대한 2.2.1.에서의 논의뿐만 아니라 치사형상과 관련한 (21)에 대한 여기서의 논의도 가설적이다. 다만, 치사형상 개념의 예시(例示)로서 가설적인 (21)이 쓰이고 있을 뿐이다.

　　다음 (22)의 이중 허사 구문(double expletive construction)도 논리형태에서 치사형상이 된다. 왜냐하면, 관련 명사구 *a man* 의 N-자질이 *there*$_1$과 *there*$_2$를 점검해 주기 위해 유인되어야 하는 형상이기 때문이다. 다시 말하면, 허사는 둘인데, 그 허사를 허가해 주는 관련 명사구는 하나뿐인 경우이다.

(22) *There₁ is believed [there₂ to be a man in the room].

(22)에서 *a man*의 N-자질이 *there₂*를 점검해 주고 나서 다시 주절로 유인되어 *there₁*을 점검해 준다고 볼 수 없는 이유는 2.5.5.에서 논의한 바와 같이 논리형태 이동(유인)은 단발성으로 간주되어 순환적 적용이 불가능하기 때문이다.

다음에는 하나의 φ-자질(격 포함)이 두 유인자에게 유인되는 치사형상의 경우를 살펴 보자. 다음 (23ㄴ)은, 아래에서 논의하는 바와 같이, 논리형태에서 *many men*의 φ-자질(격 포함)이 I에게도 *eat*에게도 유인되어 치사형상이 되므로 비문이다.

(23) ㄱ. There have been many cakes baked.

　　　ㄴ. *There have many men eaten apples.

(23ㄱ, ㄴ)에서 과거분사(*baked, eaten*)의 어미 *-en*이 Part(iciple)이라는 독립된 핵으로서 PartP라는 최대투사범주를 형성한다고 보자. 그러면, 동사(*bake, eat*)가 Part인 *-en*에 인상되었을 때 (24ㄱ, ㄴ)과 같은 구조가 도출될 것이다.

(24) ㄱ. [IP There I have been [PartP bake$_i$+en [VP t$_i$ many cakes]]]

　　　ㄴ. [IP There I have [PartP eat$_i$+en [VP many men t$_i$ apples]]]

(24ㄱ, ㄴ)에 일종의 주제화(主題化 Thematization)가 적용되면 (23ㄱ, ㄴ)이 도출된다. 즉, 주제화는 Part에 가장 가까이 있는 NP를 Part의 지정어 자리로 이동한다고 본다. 그런데, 주제화는 연산체계 운용으로 간주하기 어렵다. 첫째, 주제화는 연산체계 운용과 논리형태 해석에 별로 영향을 미치지 않는다. 둘째, 주제화는 영어 이외 언어에서는 확인되지 않고 있어 언어-보편적 연산체계 운용으로 볼 수 없다.

따라서, 주제화는 영어에 고유한 음성형태 문체규칙(文體規則 Stylistic Rule)의 하나로 간주할 수 있다. 그렇다면, (24ㄱ, ㄴ)의 구조가 주제화가 적용되지 않은 채로 논리형태에 입력된다고 볼 수 있다. 그러면, (24ㄱ)에서는 *many cakes*의 φ-자질(격 포함)이 I에게만 유인되어 정문이 도출된다. 왜냐하면, 수동동사 *baked*는 격이 없기 때문이다. 그러나 (24ㄴ)에서는 *many men*의 φ-자질(격 포함)이 I에게도 *eat+en*에게도 유인되어 치사형상이 된다. 왜냐하면, 능동동사 eaten은 격이 있어서 φ-자질(격 포함)을 유인하기 때문이다.

(24ㄴ)에서 *many men*의 φ-자질은 주격을 내포하고 *eat+en*의 φ-자질은 대격을 내포함에도 불구하고 전자가 후자에게 유인되는 이유는 유인에서 자질만 동일하면 되고 각 자질이 내포하는 내용이 완전 일치해야 하는 것은 아니기 때문이다. 동일 자질이면서도 내포하는 내용이 다른 두 자질 사이에 유인·점검이 일어나도록 해야 그런 도출을 (25)의 자질-불일치 조건에 따라 취소시킬 수 있다.

(25) 유인자의 형식자질 α와 이동자의 형식자질 β가 점검

될 때, 그 두 형식자질의 내용이 완전 일치하지 않으면, 그 도출은 취소(取消 Cancel)된다.

한편, (24ㄴ)에서 *apples*의 φ-자질은 대격을 내포하고 *eat+en*의 φ-자질도 대격을 내포함에도 불구하고 전자가 후자에게 유인되지 못하는 이유는 최소연결조건(Minimal Link Condition) 때문이다. 즉, *many men*이 *apples*의 유인을 막는다.

3.4.2. 역(逆)치사형상

다음 (26)에서 보는 바와 같이 (20)의 반대 상황의 치사형상 조건도 필요하다.

(26) 점검받는 동일한 두 형식자질이 하나의 유인자에게 함께 유인될 수 없다. (Two identical checked formal features may not be attracted by one and the same attractor.)

예를 들어, (27ㄱ)과 같은 내포된 다중 지정어 구조에서 종속절 I_2에게 점검받은 $SPEC_i$의 φ-자질과 $SPEC_j$의 φ-자질이 상위절 I_1에게 함께 유인될 수 없다. 따라서, (27ㄱ)에서 (27ㄴ)이나 (27ㄷ)이 도출될 수 없다.

(27) ㄱ. $[_{IP}\ I_1\ [_{IP}\ SPEC_i\ SPEC_j\ I_2\ ....]]$

     ㄴ. $[_{IP}\ SPEC_i\ SPEC_j\ I_1\ [_{IP}\ t_i\ t_j\ I_2\ ....]]$

     ㄷ. $[_{IP}\ FF(SPEC)_i+FF(SPEC)_j+I_1\ [_{IP}\ SPEC_i\ SPEC_j\ I_2\ ....]]$

(27ㄱ)에서 SPEC$_i$와 SPEC$_j$가 I$_1$에게 문자화 이전에 유인되면 (27ㄴ)이 도출되고, 논리형태에서 유인되면 (27ㄷ)이 도출된다. (27ㄷ)에서 FF(SPEC)$_i$는 SPEC$_i$의 형식자질을 지시하고 FF(SPEC)$_j$는 SPEC$_j$의 형식자질을 지시하며, FF(SPEC)$_i$와 FF(SPEC)$_j$가 I$_1$에 부가되어 있다. 과연, 아이스랜드어에서 (27ㄴ)의 구조도 (27ㄷ)의 구조도 불가능함이 확인된다. 따라서, (26)은 문자화 이전 구조에도 적용된다는 점에서 (20)과 다르다.

3.4.3. 이중 격점검의 치사형상

논리형태에만 적용되는 또 하나의 치사형상 조건으로서 (28)이 제안되어 있다.

(28)

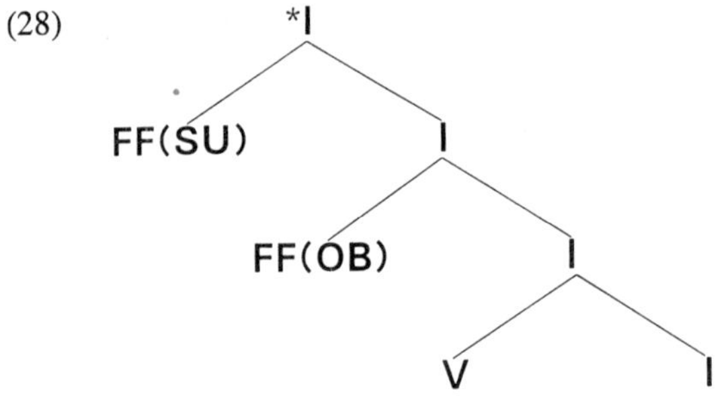

(28)에서 FF(SU)는 주어의 형식자질을 지시하고 FF(OB)는 목적어의 형식자질을 지시한다. (28)은, I에 V가 부가되어 [$_I$ V I]가 형성되고, [$_I$ V I]에 FF(OB)가 부가되어 [$_I$ FF(OB) [$_I$ V I]]가 형성되고, [$_I$ FF(OB) [$_I$ V I]]에 다시 FF(SU)가 부가되어 형

성되는 형상인데, 이런 논리형태 형상은 치사형상이라는 것이다.

　이러한 (28)의 형상은 주격 점검도 대격 점검도 논리형태에서 이루어지는 경우에, 2.6.1.에서 논의한 논리형태 최소화 원칙에 따라, 자동적으로 발생한다. (28)의 치사형상 조건을 다음 (29)와 같이 바꾸어 말할 수 있다.

　(29) 하나의 유인자 핵 속에서 두 가지 φ-자질(격 포함)이
　　　　점검될 수 없다.

3.4.4. 동사구 탈출 조건

　(28) 또는 (29)를 모면하는 길은 주격 점검과 대격 점검 중에서 적어도 한가지는 논리형태에서 이루어지지 않도록 하는 것이다. 그렇게 하려면, 주격 점검과 대격 점검 중에서 적어도 한 가지는 문자화 이전에 이루어지도록 해야 한다. 문자화 이전에 격 점검이 이루어지려면, 격 점검을 받는 DP가 문자화 이전에 VP 밖으로 나가게 된다. 따라서, (28) 또는 (29)를 다음 (30)과 같이 풀이하여 말할 수 있다.

　(30) 타동사문의 경우 주어와 목적어 중 적어도 하나는 문
　　　　자화 이전에 VP 밖으로 나가야 한다.

　(30)을 동사구 탈출 조건(動詞句脫出條件 Escape VP Condition)이라고 부른다. 결국, (28)의 치사형상의 조건은 문자화 이전

에 타동사문에서 주어나 목적어 중 적어도 하나는 VP 밖으로
나가야 하는 언어-보편적 사실을 설명해 준다. 예를 들어, (28)
은 영어에서 왜 비대격 동사(非對格動詞 Unaccusative Verb) 이
외의 동사는 허사 구문이 불가능한지 설명해 준다. 다음 (31)
의 예문을 보자.

    (31) ㄱ. [$_{IP}$ There [$_{VP}$ arrived a man]]

        ㄴ. *[$_{IP}$ There [$_{VP}$ a man read a book]]

        ㄷ. *[$_{IP}$ There [$_{VP}$ a man laughed]]

    (31ㄱ)은 타동사문이 아니므로 (30)의 조건과 무관하다. (31ㄴ)
은 주어도 목적어도 문자화 이전에 VP 밖으로 나가지 않았
으므로 (30)의 조건을 어겨 비문이다. (31ㄷ)에서는 Hale and
Keyser(1993)에 따라 동사 *laugh*를 *HAVE+laugh*로 분석하면 역
시 주어도 목적어도 문자화 이전에 VP 밖으로 나가지 못했으
므로 (30)의 조건을 어겨 비문이다.

    불어의 소위 문체적 도치(文體的倒置 Stylistic Inversion) 현
상도 (28)의 조건으로 설명된다. 다음 (32)의 불어 예문을 보
자.

    (32) ㄱ. [$_{CP}$ A qui [$_{IP}$ Marie$_i$ a donné$_j$ [$_{VP}$ t$_i$ t$_j$ le livre]]]?

          'To whom has Mary given the book?'

        ㄴ. [$_{CP}$ A qui [$_{IP}$ a telephoné$_j$ [$_{VP}$ Marie t$_j$]]]?

          'To whom has Mary telephoned?'

        ㄷ. *[$_{CP}$ A qui [$_{IP}$ a donné$_j$ [$_{VP}$ Marie t$_j$ le livre]]]?

(32ㄱ)은 목적어가 VP 안에 머물러 있으나 주어는 VP 밖으로 나와 있으므로 (30)의 조건을 어기지 않는다. (32ㄴ)은 주어가 VP 안에 머물러 있으나 목적어가 함께 VP 안에 있지 않으므로 역시 (30)의 조건을 어기지 않는다. 그러나 (32ㄷ)은 주어도 목적어도 VP 안에 머물러 있으므로 (30)의 조건을 어긴다.[47]

(30)의 조건에 따르면, 어순이 '동사+주어+목적어'인 언어 (VSO language)는 존재할 수 없다는 이상한 결론에 이르는 듯하다. 그러나 최근 연구에 따르면, 소위 VSO 언어도 연산체계 운용에 있어 SVO 언어와 똑같이 행동함이 밝혀지고 있다. 따라서, VSO 언어도 연산체계에서는 SVO 언어로 간주되고, 다만 음성형태에서 어떤 이유로 V(동사)가 S(주어) 앞으로 도치된 것으로 볼 수 있다. 또는 VSO 언어는 통사적으로 V 앞에 주어 PRO가 있고 S는 그 주어 PRO를 확인해 주기 위해 삽입된 요소로 간주할 수도 있다. 이와 같은 VSO 언어에 대

---

[47] 최소이론에서 불어의 소위 문체적 도치는 어떻게 분석되어야 하나? 불어에서도, 앞서 영어의 (24ㄱ, ㄴ)과 관련하여 논의한 바와 같이, 과거분사(*donné, telephoné*)는 V가 Part(iciple)이라는 핵으로 문자화 이전에 이동하여 형성된다고 가정하면, 불어의 문체적 도치는 다음과 같이 간단히 규명될 수 있다. 즉, 도치문이 아닌 (32ㄱ)은 주격 점검이 정상적으로 문자화 이전에 일어난 경우이고, 도치문인 (32ㄴ)은 주격 점검이 비정상적으로 문자화 이후에 일어난 경우라고 할 수 있다. 도치문에서 주격 점검이 문자화 이후에 일어난다는 것이 무엇을 의미하는지는 앞으로의 연구 과제로 남겨 둔다. (32)의 불어 예문들과 불어의 문체적 도치에 대한 논의와 관련하여 홍용철 교수의 도움을 많이 받았다.

한 재분석이 받아들여지면, VSO 언어도 연산체계에서 SVO 언어로 간주되므로 (30)의 조건에 걸리지 않는다.

3.4.5. 수정 동사구 탈출 조건

(30)은 타동사문에만 적용된다는 점이 언어-보편적 조건으로서의 단점이다. 이러한 단점을 제거하기 위하여 (30)을 다음 (33)과 같이 수정해 보자.

(33) 주어 또는 목적어가 문자화 이전에 VP 밖으로 나가야 한다.

(33)은 (30)에 비하여 다음과 같은 장단점이 있다. 첫째 장단점은 다음과 같다. (33)은 타동사문뿐만 아니라 자동사문에도 적용된다는 장점이 있는 반면에, (31ㄱ)이나 (32ㄴ)과 같은 경우의 문법성을 어떻게 설명하느냐의 문제가 있다. 그러나 이러한 문제의 해결의 전망이 전혀 없는 것은 아니다. 예를 들어, (31ㄱ)과 같은 경우에도 *a man*이 VP 밖으로 나간다고 보아야 할 증거가 있다. (34)의 예문들을 보자.

(31) ㄱ. [$_{IP}$ There [$_{VP}$ arrived a man]]

(34) ㄱ. *[$_{IP}$ There [$_{VP}$ walked a man into the room]]

　　ㄴ. ?[$_{IP}$ There [$_{VP}$ walked t_i into the room] a man$_i$]

　　ㄷ. [$_{IP}$ There [$_{VP}$ arrived t_i] a man$_i$]

　　ㄹ. *[$_{CP}$ Who$_i$ did [$_{IP}$ there [$_{VP}$ arrive t_i] t_i]]?

(34ㄱ, ㄴ)은 비대격 동사류의 허사 구문에서 관련 명사구는 외치(外置 Extraposition)되어 VP 밖으로 나가야 함을 보인다. 따라서, (31ㄱ)의 경우도 (34ㄷ)에 보인 바와 같이 관련 명사구 *a man*이 외치되어 VP 밖으로 나가 있어야 한다고 볼 수 있다.[48] 그 구체적 증거가 (34ㄹ)의 비문법성이다. 즉, 외치의 흔적은 *Wh*-이동(*Wh*-Move)되지 않는다고 보거나 *wh*-흔적은 외치되지 않는다고 볼 수 있으므로, (34ㄹ)의 비문법성이 설명된다.

이와 같이 *Wh*-이동이 외치에 대하여 또는 외치가 *Wh*-이동에 대하여 급여순(給與順 Feeding Order)의 관계에 있지 않다고 보는 이유는 *Wh*-이동은 분명히 연산체계 운용이지만 외치는 2.1.1.에서 논의한 바와 같이 연산체계 운용으로 보기 어렵기 때문이다. 만일 외치를 음성형태 운용으로 보면, 음성형태에서 흔적(*wh*-흔적)을 외치한다는 것은 무의미하고 무의미한 운용은 경제이론상 금지되므로, 또는 음성형태 운용은 흔적을 볼 수 없으므로, (34ㄹ)의 비문법성이 설명된다.

만일 외치가 연산체계 운용으로 판명된다면, 외치된 요소는 *Wh*-이동되지 않는다는 제약이 필요할지 모른다. 그러나 이러한 제약도 이미 확인된 외치의 특이성에 기인하는 것으로 별로 놀라운 일이 아닐 것이다.

---

[48] (31ㄱ)에서 관련 명사구 *a man*을 주어라고 보기도 어렵고 목적어라고 보기도 어렵다. 따라서, 영어의 경우 (33)을 (i)로 수정해야 한다.

 (i) VP 안의 DP 논항 중 적어도 하나는 문자화 이전에 VP 밖으로 나가야 한다.

(32ㄴ)의 경우에도 주어 *Marie*가 확대투사원리(EPP)에 따라 IP의 지정어 자리로, 즉 VP 밖으로, 이동하고 *a+telephoné*가 C로 이동한다고 분석될 가능성도 없지 않다.[49] 실제로 (32ㄴ)에서 주어 *Marie*가 VP 안에 남아 있다는 분석은 확대투사원리에 예외를 만드는 문제가 있다.

(32) ㄴ. [$_{CP}$ A qui [$_{IP}$ a telephoné$_j$ [$_{VP}$ Marie t$_j$]]]?

(33)의 둘째 장단점은 다음과 같다. (33)은 타동사문의 확대투사원리뿐만 아니라 자동사문의 확대투사원리도 설명해주는 장점이 있는 반면에, (33) 자체가 자동사문의 경우 (28)의 치사형상 조건으로 설명되지 않는 단점이 있다. 왜냐하면, 확대투사원리는 타동사문에도 자동사문에도 적용되지만, (28)의 치사형상 조건은 타동사문에만 적용되기 때문이다. 더욱이, (34ㄴ, ㄷ, ㄹ)에서 관련 명사구 *a man/who*를 VP 밖으로 끌어내는 외치가 음성형태 운용이라고 가정하면, 이 또한 (28)의 치사형상 조건과는 무관한 일이 된다. 왜냐하면, 음성형태 운용이 (28)과 같은 논리형태 조건을 위반하거나 만족시킬 수 없기 때문이다.

결국, (33)은 (28)과 다른 논리형태 조건으로 설명되어져야 할 것이다. 한편, 확대투사원리가 (33)에 완전히 내포되지는 않는다. 예를 들어, (31ㄱ)에서 확대투사원리는 *There*-삽입으

---

[49] 이 문제는 앞의 각주 47에서 언급한 바와 같이 앞으로의 최소이론에 입각한 불어 문체적 도치의 분석에 달렸다.

로, 즉 (33)과는 무관하게, 만족되고 있다.

여하간, (33)은 다음 (35)와 같은 구문의 설명에 긴요하다.

(35) ㄱ. *There were [VP baked many cakes in the oven].

ㄴ. [IP There were [VP baked t_i in the oven] many cakes$_i$].

ㄷ. There were [PartP many cakes$_i$ [VP baked t_i in the oven]].

ㄹ. *What was there baked in the oven?

(35ㄱ)은 아무 DP도 (주어도 목적어도) VP 밖으로 나가지 않았으므로 (33)을 어긴다. (35ㄴ)은 *many cakes*가 VP 밖으로 외치되었으므로 (33)을 만족시킨다. (35ㄷ)은 *many cakes*가 VP 밖으로 주제화(Thematization)되었으므로 (33)을 만족시킨다.

(33)은 해당 VP를 직접 관할(immediately dominate)하는 IP 안에서 만족되어야 한다고 가정하자. 그러면, *Wh*-이동은 (33)의 만족에 기여할 수 없다. 따라서, (35ㄹ)은 (35ㄱ)과 같은 구조로부터도 (35ㄴ)과 같은 구조로부터도 (35ㄷ)과 같은 구조로부터도 정문으로 도출될 수 없다. 왜냐하면, (35ㄱ)은 비문이므로, *many cakes*를 *wh*-어구로 대치하여 *Wh*-이동한다고 해도 비문일 것이고, (35ㄴ)의 경우에도 *many cakes*를 *wh*-어구로 대치하여 *Wh*-이동한다고 해도 그 *wh*-흔적이 음성형태에서 외치되지 못하므로 비문일 것이고, (35ㄷ)의 경우에도 *many cakes*를 *wh*-어구로 대치하여 *Wh*-이동한다고 해도 그 *wh*-흔적이 음성형태에서 주제화되지 못하므로 비문일 것이다.

3.5. 마무리

3.5.1. "Chomsky 문법이론은 언제 안정되나?"

"Chomsky 문법이론은 언제 안정되나?" "Chomsky 자신이 계속 흔들리고 있는데, 그의 말을 쫓아 다니기에 인생을 바칠 필요 있나?" "Chomsky가 안정될 때까지 기다렸다가 그의 문법이론을 본격적으로 시작하는 것이 현명하지 않을까?" 이와 같은 질문들을 주위에서 가끔 듣는다. 이러한 질문을 하는 사람들이 반드시 Chomsky 문법이론의 문외한에 국한되지 않는다. Chomsky 문법이론을 대학에서 강의하시는 국내 교수님에게서도 이와 비슷한 말을 필자는 듣고 있다.

심지어는 MIT에서 Chomsky 교수 밑에서 박사학위를 하고 지금은 미국의 유수한 대학의 중견 교수로 있는 미국인 교수에게서도 이와 비슷한 말을 들었다. 즉, 1995년 7월 한국언어학회 20주년 기념 국제학술대회에서 미국 Stanford대학의 Ivan Sag 교수는 필자에게 다음과 같은 질문을 하였다: "요즘 MIT에서는 박사학위를 받고 돌아서는 순간, Chomsky의 최근 이론에서 뒤처지기 시작한다는데, 이런 사태를 어떻게 보는가?" 결국, Sag 교수도 최근 Chomsky 문법이론에 무언가 비정상적인 면이 있다고 생각하고 있었다.

최근 최소이론("Minimalist Program")의 발전 상황에 대하여 Chomsky는 이제 언어학이 새로운 차원으로 도약할 단계에 이르렀다고 평가하고 있다. 그러나 그는 우리가 "최소이론"이라

고 부르는 "Minimalist Program"을 "이론(theory)"이라고 부르지
않는다.[50] 왜냐하면, 그는 "Minimalist Program"이 아직 "이론
(theory)"의 단계에까지 성숙하지는 못했다고 보기 때문이다.
실제로 그는 그의 "Minimalist Program"이 Chomsky(1995)에 제
시된 것과 전혀 다른 방향으로 전개·발전될 수도 있다고 본
다. 즉, 최소이론은 확정된 이론이 아니고 앞으로 "이론"으로
연구·개발될 "program"이라는 것이다.

Chomsky는 지금의 최소이론의 이러한 비확정성은 우리의
문법이론의 새로운 차원으로의 진입에 필연적으로 기인한다
고 본다. 예를 들어, Chomsky는 "Minimalist Program"을 통하
여 언어학에서도 이제 역사상 처음으로 자연과학에서와 같은
"설명"을 시도하게 되었다는 것이다. 이것은 종래의 문법이론
으로서는 도저히 불가능한 일이라고 본다. 따라서, 문법학자
들이 어떤 "안정"된 이론의 틀 속에 안주하여 안일하게 언어
학을 할 수 있는 시대는 지나 갔고, 이제는 문법이론도 새로
운 차원에서 모든 가능성을 과감하게 시도해 볼 도전의 시점
에 와 있다고 본다. 따라서, "문법이론이 너무 빨리 변한다"
는 등의 불평은 오늘날의 시대적 요구에 맞지 않는 구시대적
불평이라고 본다.

---

[50] 실제로 Chomsky(1995)에서 "Minimalist Program"을 한번도 "이론
(theory)"이라고 부르지 않고 있다. 그렇다면, 우리가 "Minimalist
Program"을 "최소이론"이라고 부르는 것도 부당한 것이 아닐까?
엄밀한 의미에서 그렇다. 따라서, 필자는 "최소이론"을 "Minimalist
Program"을 지시하는 고유명사로 쓰고 있지, 어떤 "이론"이라는
뜻으로 쓰고 있지 않다.

또한 최소이론의 이러한 비확정성이 일시적 또는 과도기적 현상으로만 볼 수 없다. 앞으로의 문법이론은 다른 현대 학문처럼 계속 급속도로 발전할 것이 확실하다. 더욱이 최소이론이 지향하는 목표와 그 성향으로 보아, 최소이론의 "안정"된 이론적 정립이 쉽게 조만간 이루어질 것으로 기대할 수 없다. 오히려 최소이론은 지금처럼 "불안정"된 상태로 발전을 거듭해갈 것이다. 실제로, 최소이론이 "안정"되는 날은 최소이론이 쇠퇴의 길로 들어서는 날일 것이다.

따라서, Chomsky의 문법이론은 학문적으로 살아 있는 한 항상 심각한 속도로 변하고 있을 것이다. 그러한 문법이론의 끊임없는 변화에 발 맞추어 연구를 추진해 나가야만, 진정한 의미의 언어학자로서 살아 남을 수 있을 것이다. 따라서, 오늘날의 언어학자는 잠시만 방심해도 급속히 변해 가는 학문적 대열에서 도태될 수밖에 없는, 항상 긴박한 상황에 놓이게 되었다. 이러한 상황은 최근의 생성문법 분야에 국한된 "무언가 비정상적인" 상황이 아니라, 오늘날의 정보홍수 시대에서 거의 모든 학문 분야에서 심각한 새로운 학문적 진리탐구에 도전할 때 공통적으로 직면하는 상황이라고 본다.

한편, 이러한 끊임없는 도전의 최소이론 연구는 새로운 차원의 학문적 보람을 가져올 것이다. 즉, 언어학도 순수과학적 "설명"을 할 수 있게 될 것이다. 결국, 언어학이 새로운 도전의 학문이 되었다고 하겠다.

3.5.2. 최소이론의 복고(復古) 현상

한편, Chomsky의 문법이론이 항상 새롭게만 변하는 것은 아니다. 어떤 경우에도 Chomsky 문법이론이 전혀 새롭게 변하는 경우는 없었다. 항상 기본 정신 및 개념은 계속 유지되어 왔다고 본다. 더욱이 새로운 이론이 부분적으로 과거의 이론으로 되돌아 가는 경우도 없지 않다. 예를 들어, 최소이론도 다음과 같은 점에서 과거 이론으로 되돌아 가고 있다.

3.2.3.에서 논의한 바와 같이, Chomsky(1957)의 접사도약(接辭跳躍 Affix Hopping)의 개념이 최소이론에 다시 부활되고 있다. 또 2.4.7.에서 논의한 바와 같이, Chomsky(1965)의 선택자질(選擇資質 Selectional Feature) 또는 하위범주화 자질(下位範疇化資質 Subcategorization Feature)의 개념이 강자질(強資質 Strong Feature)을 대치하고 있다. 또 3.1.3.에서 논의한 바와 같이, Chomsky(1981)의 α-이동(Move-α)에 부수되는 문법자율(文法自律)의 개념이 지연원리(遲延原理 Principle of Procrastinate)를 제거하는 데 핵심적 요인이 되고 있다. 앞으로 최소이론의 이러한 복고 현상은 더 있을 수 있다.

결국, 최소이론은 결코 갑자기 하늘에서 내려온 것이 아니고 지난 40여년간 발전을 거듭해온 생성문법(生成文法 Generative Grammar)에 깊은 뿌리를 박고 있다.

3.5.3. "통사론"의 실종?

1.3.1.에서 논의한 바와 같이, 최소이론의 문법이 만족시켜야

할 조건은 필수출력조건(必修出力條件 Bare Output Condition)
이라는 음성형태와 논리형태의 접합점(接合點 Interface) 조건
뿐이다. 따라서, 최소이론의 통사론에 해당하는 연산체계의
모든 운용은 접합점 조건에 의해 결정된다. 또 연산체계의 실
제 운용은 형태론적 자질에 의해 작동된다. 따라서, 최소이론
에서 통사론 또는 연산체계의 실질적 내용은 접합점 조건과
형태론적 자질에 의해 궁극적으로 포착되는 셈이다.

　따라서, 최소이론에서는 통사론이 접합점 조건과 형태론에
흡수되는 것이 아닌가 하는 의문이 생길 수 있다. 과연, 종래
의 "통사론" 개념으로는 그렇다고 할 수 있다. 그러나 그것
은 지극히 피상적인 관찰이다. 오히려 최소이론에서 통사론
은 이 저서를 통해서도 밝힌 바와 같이 거의 완전 설명의 단
계에 접근하고 있다고 보겠다. 따라서, 최소이론에서 통사론
은 실종(失踪 disappearance)되고 있는 것이 아니라 완성(完成
completion)되고 있는 것이다.

참 고 문 헌

양동휘(1995) 『수정 문법론』 한국문화사.

양동휘(1996) "The Korean Morphosyntax in the Minimalist Program," 미발표 원고.

Baker, M. (1988) *Incorporation*, University of Chicago Press.

Bobaljik, J. (1994) "What Does Adjacency Do?" *MIT Working Papers in Linguistics* Volume 22., MIT.

Chomsky, N. (1957) *Syntactic Structures*, Mouton.

Chomsky, N. (1965) *Aspects of the Theory of Syntax*, MIT Press.

Chomsky, N. (1981) *Lectures on Government and Binding*, Foris.

Chomsky, N. (1993) "A Minimalist Program for Linguistic Theory," *The View from Building 20*, ed. by K. Hale and J. Keyser, MIT Press.

Chomsky, N. (1995) *The Minimalist Program*, MIT Press.

Collins, C. (1994) "Economy of Derivation and the Generalized Proper Binding Condition," *Linguistic Inquiry* 25.

George, L. and J. Kornfilt (1981) "Finiteness and Boundedness in Turkish," *Binding and Filtering*, ed. by F. Heny, MIT Press.

Hale K. and J. Keyser (1993) "On Argument Structure and the Lexical Expression of Syntactic Relations," *The View from*

Building 20, ed. by K. Hale and J. Keyser, MIT Press.

Kayne, R. (1994) *The Antisymmetry of Syntax*, MIT Press.

Lasnik, H. (1994) "Verbal Morphology: *Syntactic Structures* Meets the Minimalist Program," Ms., University of Connecticut.

Pollock, J.-Y. (1989) "Verb Movement, Universal Grammar, and the Structure of IP," *Linguistic Inquiry* 20.

찾 아 보 기

1. 인명 찾아 보기

강명윤 ....25 fn. 12
박승혁 .... 12 fn. 10
양동휘 ....8 fn. 5, 11 fn. 8,
　14 fn. 11, 39 fn. 15, 61 fn.
　28, 67 fn. 31, 97 fn. 41, 99

Baker 50
Bobaljik 100
Chomsky ....2 fn. 1, 6 fn. 3,
　7 fn. 4, 45 fn. 17, 47, 48,
　52, 59, 60, 61 fn. 28, 66,
　67 fn. 31, 71, 73 fn. 33,
　75, 89, 90, 92, 99, 100,
　103
Collins 113
Kayne .... 14 fn. 11
Lasnik 100
Pollock 47

2. 용어 찾아 보기

〈ㄱ〉

가시성 조건 103
강세형 .... 3 fn. 2
강자질 90
강자질의 제거 90
개념-의도 체계 2, 19, 80
개념적 필연성 12
게르만어 101
격여과 50
격표시 허사 구문 78
결속 ....96 fn. 40
결속원리 72
결속이론 42
경유인 조건 75, 113
공범주 46
관할 34
구절 구조 문법 20

국부적결속 42
급여순 123
기능문법 20
기능범주 29, 45
기호 논리학 18

〈ㄴ〉

내곽 지정어 30, 55
내부로부터의 병합 39
내포성 조건 8
넓은 작용역 33
논리형태 2
논리형태 의문사-이동 83
논리형태 이동 32
논리형태 해독조건 13, 18
논리형태 형상 114
뇌생리학 22

〈ㄷ〉

다중 도출 108
다중 목적어 구문 66
다중 지정어 구문 30, 53,
  101

단발성 이동 79
대용사 .... 73 fn. 33, 85
대입 38, 66
도출 1, 4, 71
도출적 문법론 31, 89
동사구 전치 25, 39
동사구 탈출 조건 119
동사-인상 96
동일지시 9
등거리 54

〈ㄹ〉

로만스어 48

〈ㅁ〉

매개변이적 변이 25
매개변인 46
명사구-인상 26, 41
모호크어 54
목적어-인상 44, 47, 48
목적어-인상 언어 ..... 64 fn. 30
무임승차 75, 77, 105
문법운용 8

문법조건 12

문법체계 1

문자화 1, 6, 35

문체규칙 116

문체적 도치 120

문체적 이동 7

미로문 20, 88

〈ㅂ〉

반투어 65

배번집합 1, 4, 10

범주자질 .... 3 fn. 2, 9, 32

변형 17

병합 5, 36, 90

보문절 27

보수 5, 37, 111

보수전략 5, 24, 35, 41,
　　77, 87

보충어 47

보편의미론 68

복사 흔적 104

부가 5, 29, 38, 66

부가절 27

분할 동사구 가설 47

비논항 이동 84

비대격 동사 120

비사실적 범주 .... 46 fn. 18

비정규격 59

비해석성 자질 23, 34, 71

비현시적 통사론 6

비활용성 89

〈ㅅ〉

사건성 46

생성문법 129

선도 37

선택자 24

선택자질 24, 47, 59, 91

성분-통어 19

수의성 27, 92

수의적 선택자질 62

수정 가시성 조건 103

수정 동사구 탈출 조건 122

수행력 46

수행체계 2, 16, 19

순환적 이동 .... 79, 80 fn. 37

순환적 적용 41

〈ㅇ〉

아이스랜드어 ········ 54, 94, 110
양상 ······················· 46
양화사-인상 ··············· 11, 83
양화사 자질 ················ 11
양화사 작용역 ··············· 19
어구해부 ····················· 89
어구해부성 ··················· 20
어순 ························· 14
어순결정자 ··················· 95
어순대응공리 ·········· 14 fn. 11
어휘범주 ··············· 45 fn. 17
어휘부 ······················· 1
어휘자질 ····················· 2
어휘자질 복합체 ··············· 8
어휘자질 저장소 ··············· 2
어휘항목 ····················· 1
언어능력 ··················· 2, 15
엄밀 순환성 ····· 34, 55, 63, 67
역(逆)치사형상 ··············· 117
역융합 ····················· 79
연결 ··················· 37, 111
연산체계 ··················· 1, 7
연쇄 ··················· 37, 109

연쇄해독조건 ················· 63
연쇄-형성 ··················· 61
영격 ······················· 50
예상적용의 비국부성 ········ 40,
    57, 72, 79 fn. 36, 87
예외적 격표시 ··············· 40
예외적 격표시 구문 ··········· 77
완전해석원리 ··················· 3
외곽 지정어 ·········· 30, 48, 55
외부로부터의 병합 ············· 39
외치 ············· 7, 25, 39, 123
운용자 ················· 107 fn. 45
유인 ·········· 5, 23, 28, 77, 105
유인자 ····················· 24
유인자 핵 ·············· 29, 34, 66
음성자질 ··················· 3, 68
음성형태 ··················· 1, 3
음성형태 합치 ··············· 5, 79
음성형태 합치조건 ·····24, 39
음성형태 해독조건 ······ 13, 35,
    39, 41
음조형 ··················· 9 fn. 6
의무성 ····················· 27
의문사구-이동 ··············· 35
의미역 ··················· 7, 47

의미역 구조 8
의미자질 3, 68
의미해석 7
의미해석-1 .... 7, 17
의미해석-2 .... 7, 17
의사 의문사 106
이기성 33
이동 5, 17
이분지 12
이분지 구조 19
이중 허사 구문 114
이항적 운용 11
인공 언어 18
인상 구문 49
인상 부정사 구문 76
인지체계 2
일관성 조건 10
일률성 조건 .... 11 fn. 8
일치 50, 96
일치접사 65

〈ㅈ〉

자살적 이기성 33, 34
자질-불일치 58, 72

자질-불일치 조건 57, 69
자질점검 5, 29, 32
작용역 .... 96 fn. 40
장벽 32
재구성 84
적정결속조건 112
전도구문 58
전산 언어 18
전산 언어학 20
절점 99
점검영역 66
점검이론 66
접미사 28
접사도약 100, 129
접사부가 95
접사여과 98
접어 48
접합적 해석 17
접합점 12
접합점 조건 69
정보처리성 20
정점 34
조음-청취 체계 2
좁은 작용역 33
주격 24

주격자질 5
주어-인상 5, 47, 48
주제 7
주제화 116, 125
중간투사범주 9
중간 혼적 42
중유인 조건 56, 75
중자질 조건 58
지시성 46
지연원리 39, 60, 93, 109
지연원리의 제거 93
지정어 5
지표 9

〈ㅊ〉

착지점 32, 67
초범주 96
초인상 .... 29, 70 fn. 32
초점 7
최대투사범주 9
최소성 23
최소연결조건 63, 70, 107, 117
최소 운용 67

최소이론 1, 20, 23, 126
출력효과조건 48
취소 57, 69, 71
치사형상 113

〈ㅌ〉

통제 구문 49
통제자 50, 85
투사 24
투사계층 19
투사범주 67
투사자 24
특정성 .... 96 fn. 40

〈ㅍ〉

파탄 16, 69
표시적 문법론 89
표적 23, 29, 34
풍부해진 I 53
필수구구조 이론 99
필수출력조건 12, 16, 48, 69, 130

〈ㅎ〉

하위범주화 자질 ……………… 129
하위인접조건 ………………… 31
한정성 효과 …………………… 107
합치 …………………… 23, 70
해독조건 ……………………… 13
해석성 자질 …………………… 36
해석체계 ……………………… 83
핵 ……………………………… 29
핵 매개변인 …………………… 94
핵 이동 ……… 25, 37 fn. 13, 67,
　95
행위자 ………………………… 47
허사 …………………………… 50
허사구문 ………………… 90, 107
현시적 이동 …………………… 43
현시적 통사론 ………………… 6
형식자질 …………… 3, 3 fn. 2, 9,
　68, 75
형태론적 국부적 연산 ……… 40,
　72, 77, 79 fn. 36, 87
형태론적 융합 ………………… 25
확대조건 ……………………… 67
확대투사원리 ……… 6, 53 fn. 23,

58, 90, 124
활용성 ………………………… 20
흔적의 범주 …………………… 109
흔적의 자질 …………………… 109

AGR …………………………… 48
D-구조 ………………………… 8
Head Parameter ……………… 95
Holmberg 일반화 … 54, 55, 82,
　102
I의 C로의 인상 ………… 25, 47
N의 D로의 인상 ………… 25, 47
N의 V로의 융합 ……………… 96
PRO …………………………… 50
Q ……………………………… 33
Strong Feature ……………… 90
S-구조 ………………………… 8
there-삽입 …………………… 26
V의 I로의 인상 ……………… 47
V의 V로의 융합 ……………… 96
Wh-섬 조건 ……………… 31, 73
Wh-이동 ……………… 114, 123
[+*wh*]-자질 ………………… 33, 36

영한 용어 대조표

〈A〉

A′-movement	비논항 이동
adjunct clause	부가절
adjunction	부가
affixation	접사부가
affix filter	접사여과
Affix Hopping	접사도약
agent	행위자
agreement	일치
agreement affix	일치접사
anaphor	대용사
A-P System → articulatory-perceptual system	
articulatory-perceptual system	조음-청위 체계
attactor head	유인자 핵
attract	유인
attractor	유인자

〈B〉

Bantu	반투어

Bare Output Condition   필수출력조건

bare phrase structure   필수구구조

barrier   장벽

binary branching   이분지

binary-branching structure   이분지 구조

binary operation   이항적 운용

binding   결속

binding theory   결속이론

BOC → Bare Output Condition

〈C〉

cancel   취소

Case Filter   격여과

catagorial feature   범주자질

C-command   성분-통어

chain   연쇄

C_{HL} → computational system

checking domain   점검영역

C-I System → conceptual-intentional system

clitic   접어

cognitive system   인지체계

complement   보충어

complement clause   보문절

complex of lexical feature   어휘자질 복합체

computational linguistics   전산 언어학

computational system　　　　　　　연산체계
conceptual-intentional system　　　개념-의도 체계
conceptual necessity　　　　　　　개념적 필연성
concord　　　　　　　　　　　　일치
control construction　　　　　　　통제 구문
controller　　　　　　　　　　　통제자
converge　　　　　　　　　　　합치
copy trace　　　　　　　　　　　복사 흔적
coreference　　　　　　　　　　동일지시
covert syntax　　　　　　　　　비현시적 통사론
crash　　　　　　　　　　　　파탄
cyclic application　　　　　　　　순환적 적용
cyclic move　　　　　　　　　　순환적 이동

〈D〉

definiteness effect　　　　　　　한정성 효과
derivation　　　　　　　　　　도출
derivational theory of grammar　　도출적 문법론
dominate　　　　　　　　　　관할
double expletive construction　　이중 허사 구문

〈E〉

ECM → exceptional Case-marking
ECM expletive construction　　　예외적 격표시 허사 구문

empty category	공범주
EPP → Extended Projection Principle	
equi-distant	등거리
event	사건성
Escape VP Condition	동사구 탈출 조건
exceptional Case-marking	예외적 격표시
excorporation	역융합
expletive	허사
expletive construction	허사구문
Extended Projection Principle	확대투사원리
extension condition	확대조건
external merge	외부로부터의 병합
extraposition	외치

〈F〉

feature checking	자질점검
feature-mismatch condition	자질-불일치 조건
feeding order	급여순
F-feature → formal feature	
FI → principle of Full Interpretation	
focus	초점
formal feature	형식자질
form-chain	연쇄-형성
free ride	무임승차
functional category	기능범주

functional grammar　　　　　　　　　기능문법

〈G〉

garden path sentence　　　　　　　　미로문
generalized phrase structure grammar　구절 구조 문법
Germanic language　　　　　　　　　게르만어
GPSG → generalized phrase structure grammar
greed　　　　　　　　　　　　　　　이기성

〈H〉

head　　　　　　　　　　　　　　　핵
head movement　　　　　　　　　　　핵 이동
head parameter　　　　　　　　　　　핵 매개변인
heaviness condition　　　　　　　　　중유인 조건
Holmberg's generalization　　　　　　Holmberg 일반화

〈I〉

Icelandic　　　　　　　　　　　　　아이스랜드어
inclusiveness condition　　　　　　　내포성 조건
index　　　　　　　　　　　　　　　지표
inner SPEC　　　　　　　　　　　　내곽 지정어
interface　　　　　　　　　　　　　접합점
interface interpretation　　　　　　　접합점 해석

intermediate projection	중간투사범주
intermediate trace	중간 혼적
internal merge	내부로부터의 병합
inverse construction	전도구문
I-to-C raising	I의 C로의 인상

〈L〉

landing site	착지점
language faculty	언어능력
LCA → linear correspondence axiom	
legibility condition	해독조건
legibility condition on chain	연쇄해독조건
lethal configuration	치사형상
lexical category	어휘범주
lexical feature	어휘자질
lexical item	어휘항목
lexicon	어휘부
LF configuration	논리형태 형상
LF → Logical Form	
lightness condition	경유인 조건
linear correspondence axiom	어순대응공리
link	연결
local binding	국부적 결속
Logical Form	논리형태
look-ahead global complexity	예상적용의 비국부성

〈M〉

maximal projection	최대투사범주
merge	병합
Minimal Link Condition	최소연결조건
Minimalist Program	최소이론
MLC → Minimal Link Condition	
modality	양상
morphological local algorithm	형태론적 국부적 연산
morphological merger	형태론적 융합
move	이동
multiple derivation	다중도출
multiple object construction	다중 목적어 구문
multiple specifier construction	다중 지정어 구문

〈N〉

N → numeration	
narrow scope	좁은 작용역
node	절점
nominative Case	주격
NP-raising	명사구-인상
N-to-D raising	N의 D로의 인상
N-to-V incorporation	N의 V로의 융합
null Case	영격
numeration	배번집합

〈O〉

object-raising	목적어인상
OB-raising → object-raising	
OB-raising language	목적어-인상 언어
one-shot move	단발성 이동
operator	운용자
optional selectional feature	수의적 선택자질
ordering module	어순결정자
outer SPEC	외곽 지정어
output effect condition	출력효과조건
overt syntax	현시적 통사론

〈P〉

parameter	매개변인
parametric variation	매개변이적 변이
parsing	어구해부성
performance system	수행체계
performative force	수행력
PF → Phonetic Form	
PF convergence	음성형태 합치
PF convergence condition	음성형태 합치조건
P-feature → phonetic feature	
PF legibility condition	음성형태 해독조건
Phonetic Form	음성형태

phonetic feature	음성자질
pied piping	선도
pool of lexical features	어휘자질 저장소
principle of Full Interpretation	완전해석원리
principle of Procrastinate	지연원리
processing	정보처리성
project	투사
projection	투사, 투사범주
projection level	투사 계층
projector	투사자
proper binding condition	적정결속조건

〈Q〉

QR → quantifier raising	
quantifier feature	양화사 자질
quantifier raising	양화사 인상
quantifier scope	양화사 작용역
quirky case	비정규격

〈R〉

raising construction	인상 구문
raising infinitival construction	인상 부정사 구문
reconstruction	재구성
reference	지시성

repair	보수
repair strategy	보수전략
rich I	풍부해진 I
Romance language	로만스어

〈S〉

scope	작용역
selectional feature	선택자질
selector	선택자
semantic feature	의미자질
semantic interpretation	의미해석
S-feature → semantic feature	
SI → semantic interpretation	
SI-1	의미해석-1
SI-2	의미해석-2
SPEC → specifier	
specificity	특정성
specifier	지정어
spell-out	문자화
split VP hypothesis	분할 동사구 가설
strict cyclicity	엄밀 순환성
Strong feature	강자질
structure-dependent interpretation	구조의존적 해석
stylistic inversion	문체적 도치
stylistic movement	문체적 이동

stylistic rule	문체규칙
subcategorization feature	하위범주화 자질
subjacency condition	하위인접조건
subject-raising	주어-인상
substitution	대입
suffix	접미사
suicidal greed	자살적 이기성
super-category	초범주
superraising	초인상

〈T〉

target	표적
thematization	주제화
there-insertion	*there*-삽입
θ -structure	의미역 구조
topic	주제
top node	정점
transformation	변형

〈U〉

unaccusative verb	비대격 동사
uniformity condition	일관성 조건
uninterpretable feature	비해석성 자질
universal semantics	보편의미론

usability　　　　　　　　　　　　　활용성

〈V〉

visibility condition of trace　　　혼적가시성 조건
VP fronting　　　　　　　　　　　동사구 전치
V-raising　　　　　　　　　　　　동사-인상
V-to-V incorporation　　　　　　　V의 V로의 융합

〈W〉

Wh-island condition　　　　　　　*Wh*-섬 조건
Wh-movement　　　　　　　　　의문사구-이동
wide scope　　　　　　　　　　　넓은 작용역
word order　　　　　　　　　　　어순

저자 약력

서울대학교 사범대학 영어과 졸업
서울대학교 대학원 영어영문학과 수료 (석사)
Hawaii대학교 대학원 언어학과 수료 (M.A.)
Indiana대학교 대학원 언어학과 수료 (Ph.D.)
이화여자대학교, 서울대학교 교수 역임
저서 : 「지배-결속 이론의 기초」 「한국어의 대용화」 「수정 문법론」

최소이론의 전망

양동휘 지음

발행처/**한국문화사**
발행인/김진수
등록번호/제2-1276호
인쇄/1996년 5월 22일
발행/1996년 5월 31일
주소/133-112 서울시 성동구 성수 1가 2동 13-156
전화/464-7708 3409-4488
팩스/499-0846
값8,000원

ISBN 89-7735-247-9